사진으로 본 한국 근대의학 120년

(1885~1957)

연세의료원 120년 기념 화보집

사진으로 본 한국 근대의학 120년(1885~1957)

연세의료원 120년 기념 화보집

ⓒ연세의료원 2007

초판 1쇄 인쇄 | 2007년 3월 2일
초판 1쇄 발행 | 2007년 3월 7일

편 찬 | 연세의료원 120년 기념 화보집 편찬위원회
발행인 | 이왕준
편집주간 | 박재영
디자인 | 김태린, 이재용

발행처 | (주)청년의사
주소 | (121-854) 서울시 마포구 신수동 99-1 루튼빌딩 2층
전화 | (02) 2646-0852
FAX | (02) 2643-0852
전자우편 | webmaster@docdocdoc.co.kr
홈페이지 | www.docdocdoc.co.kr

ISBN | 89-91232-10-8 03900
정가 | 35,000원

사진으로 본 한국 근대의학 120년

(1885~1957)

연세의료원 120년 기념 화보집

연세의료원 120년 기념 화보집 편찬위원회 편

청년의사

발간에 즈음하여

　연세대학교 창립 120주년을 맞이하여 한국의학과 연세의료원의 역사를 정리한 〈사진으로 본 한국 근대의학 120년〉을 출간하게 되었습니다. 이미 창립 100주년을 기념하여 〈의학백년〉을 발간한 바 있고, 최근에는 120년사인 〈인술, 봉사, 그리고 개척과 도전의 120년〉을 펴낸 바 있습니다. 100년사에 이어 120년사를 발간하게 된 것은 연세의료원이 걸어온 발자취를 다시 한 번 점검하고 21세기를 차분한 마음으로 준비하자는 의미였습니다. 이번 화보집은 국내외에서 구하기 어려운 자료들을 오랜 시간에 걸쳐 수집한 자료이기 때문에, 사료적 가치가 높을 뿐만 아니라 생생한 사진 자료를 통해 한국 근대의학의 역사를 한눈에 조망할 수 있다는 점에서 그 의미가 적지 않다고 할 수 있습니다.

　특히 120년에 즈음하여 세브란스 새병원의 개원은 남다른 감회를 느끼게 합니다. 1885년 제중원이 설립되었을 때는 부지와 건물 등 조선정부의 지원을 받아서 개원하였습니다. 1904년 남대문 밖 새로운 부지에 새병원을 건립할 때는 미국의 자선사업가 세브란스 씨의 기부가 있었습니다. 또한 한국전쟁 이후 폐허가 된 이후에는 차이나 메디칼 보드(China Medical Board) 등 해외 각국의 지원이 있었습니다. 반면 이번에 개원한 새병원은 순수하게 우리의 힘으로 건립했다는 점에서 우리가 독자적인 힘을 가지기까지 얼마나 많은 시련을 겪었고, 얼마나 많은 사람들의 도움이 있었는지 새삼 우리의 역사를 되돌아보게 합니다.

　연세의료원은 한국 최초의 근대식 병원이며, 한국근대사의 명운과 늘 함께 해왔습니다. 일제에 의해 교명이 변경되는 아픔을 겪었으며, 한국전쟁의 폐허로 맨 손으로 다시 시작해야만 하기도 했습니다. 이러한 어려움 속에서도 불굴의 의지로 다시 일어설 수 있었던 것은 연세의료원을 끝까지 지켜주신 동창 여러분과 국민들의 사랑이었습니다. 우리 병원이 다른 기관과 다른 것은 무엇보다 기독교 정신을 바탕으로 한 사랑과 하나된 마음이었습니다. 앞으로도 최고의 의료진과 최고의 시설을 갖춘 병원에 만족하기보다 사랑과 영혼이 깃든 초심이 살아있는 병원으로 거듭나야 할 것입니다.

　이 책은 단순히 연세의료원의 역사를 더듬는 작업만은 아닙니다. 한국 근대의학의 발전과 함께 연세의료원이 어떻게 발전해왔는지를 볼 수 있도록 배려하였습니다. 자신들의 역사를 책으로 엮는 기관은 적지 않지만, 이처럼 한국 근대의학의 발전을 함께 보여줄 수 있는 자료를 가진 곳은 많지 않을 거라고 확신합니다. 이처럼 귀중한 자료들을 충실하게 담을 수 있었던 것은 의과대학의 동은의학박물관이 없었다면 불가능한 일이라고 하겠습니다. 일일이 거명할 수는 없지만, 이 화보집을 만드는 데 도움주신 많은 분들에게 진심으로 감사드린다는 말씀을 전하고 싶습니다.

앞으로도 연세의료원은 해방 이후의 근대의학의 역사와 병원사를 조명하여 연세의료원과 한국의 병원이 나아가야 할 길을 점검하고 조망하는 데 선도적 역할을 다해 나가도록 하겠습니다.

감사합니다.

2007년 3월 7일

지훈상 연세대학교 의료원장 겸 의무부총장

발간을 축하하며

먼저 연세의료원이 창립 120년 주년 기념행사의 하나로 만든 〈사진으로 본 한국 근대 의학 120년〉의 발간을 진심으로 축하드립니다. 이미 연세대학교 의과대학에서는 〈의학 백년〉과 〈인술, 봉사, 그리고 개척과 도전의 120년〉을 발간한 바 있습니다만, 분량도 많고 전문적인 내용도 적지 않아 일반인들이 보기에는 적지 않은 부담을 느꼈던 것도 사실입니다. 이번 화보집은 풍부하고 귀중한 사진 자료를 통해 한국 근대 의학의 발전과 연세의료원의 발전 과정을 누구라도 쉽게 이해할 수 있게 했다는 점에서 그 의의가 적지 않다고 하겠습니다. 이 책은 19세기말 선교의학에 의해 수용된 근대의학이 한국인에 의해 어떻게 발전해 나갔는지를 한눈에 보여준다는 점에서 의학사뿐만 아니라 한국근대사를 이해하는 데에도 크게 도움이 되리라 확신합니다.

평소에 동은의학박물관이 역사 정리와 자료 수집에 열성을 다하고 있다는 사실은 잘 알려져 있습니다만, 이렇게 적지 않은 귀중한 자료들이 소장되어 있는 것을 보니 졸업생의 한 사람으로서 매우 자부심을 느끼게 됩니다. 그러나 얼마 전 동은의학박물관에 갔을 때, 대중 교육의 장이 되어야 할 박물관이 일반인은 찾기조차 어려운 의과대학의 한 구석에 있는데다 자료 보관이나 전시 공간이 매우 협소하고, 심지어 누수로 인해 일부 자료들이 손상된 것을 보고 안타까움을 금할 수 없었습니다. 하루 빨리 보다 나은 공간으로 이전해서 학생들과 일반 대중들에게 모교의 전통과 한국 의학의 발전을 과정을 한눈에 알 수 있는 대중 교육의 장으로 재탄생하기를 기원해 봅니다.

주지하는 바와 같이 제중원은 1885년 4월 알렌의 병원설립안의 요청과 정부의 재정지원을 통해 탄생한 병원입니다. 1887년에는 재동에 있던 병원이 구리개로 이전했으며, 1894년 9월부터 에비슨에 의해 정부의 지원이나 간섭을 전혀 받지 않는 완전한 선교병원으로 운영되었습니다. 그런데 과거 모 기관에서 자료를 조작하여 정부가 선교사들에게 위탁경영을 시켰다는 등의 말도 되지 않는 궤변을 늘어놓더니, 최근에 와서는 자신들이 제중원의 역사적 경험과 광제원과 대한의원을 계승했다는 주장을 하고 있습니다. 주지하는 바와 같이 제중원은 조선인을 위한 서양의료기관이었습니다. 반면 광제원은 한방

병원이며, 대한의원은 명의는 대한제국에서 세웠지만 실제로는 일제가 식민통치의 일환으로 세운 병원입니다. 서로 다른 성격의 세 병원이 어찌하여 한 뿌리가 될 수 있다는 것입니까. 이는 세간의 상식으로는 도저히 이해할 수 없는 일이며, 삼척동자도 웃을 일이라고 생각합니다. 때마침 이 화보집이 발간되어 역사 왜곡에 미력하나마 대응할 수 있기를 바랍니다.

21세기를 바라보면서 역사 인식의 문제로 발목을 잡혀있다는 것은 심히 유감스러운 일입니다. 청산될 역사는 청산되고 정리될 역사는 정리되어야 할 것입니다. 연세의료원은 그간 과거와 현재와 미래를 동시에 조감하는 작업을 꾸준히 실행해 왔습니다. 이는 단순히 일개 병원의 역사를 밝히는 것이 아니라 세계사 속에서 한국 의학이 나아가야 할 길을 제시하는 작업이기도 할 것입니다. 그간 이 화보집의 편찬에 정성을 다해 온 모든 분들의 노고를 치하하며, 〈사진으로 본 한국 근대의학 120년〉의 발간을 다시 한번 진심으로 축하드립니다.

2007년 3월 7일
전광필 연세대학교 의과대학 총동창회장

제1부 한국 최초의 서양식 병원 제중원과 의학교육
- 제중원 및 제중원의학교 -

제4부 선교사 추방과 전시체제하의 시련
- 아사히의학전문학교 -

제5부 광복과 의과대학으로의 발전
- 세브란스의과대학 -

제1부

한국 최초의 서양식 병원 제중원과 의학교육

- 제중원 및 제중원의학교 -

조선 후기 이후 서양의학 지식이 중국과 일본 등을 통해 한국에 조금씩 들어오기 시작하였다. 하지만 책을 통한 지식이 아니라 한국인 치료를 목적으로 서양의학이 한국에 들어온 것은 알렌에 의해 1885년 4월 10일 최초의 서양식 병원인 제중원(광혜원)이 설립되면서부터이다. 조선정부로부터 재정지원을 받았던 제중원에서는 1886년부터 의학생을 뽑아 의학교육도 시작했는데 이것이 한국에서 최초로 시작된 서양의학교육이다. 이후 제중원의 운영권은 1894년 미선교부로 완전히 이관되었다. 한편, 평양 등지에도 같은 이름의 선교병원인 제중원이 설립되어 병원을 통한 의료선교활동이 활발하게 이루어졌다.

순탄치 못했지만 1894년 9월 한국정부로부터 제중원의 운영권을 이관 받은 에비슨은 의학교육을 재개하였다. 그리고 세브란스 씨로부터 기증받은 돈으로 1904년 9월 한국 최초의 현대식 병원인 세브란스병원을 완공하고 진료와 함께 의학교육에 힘써 1908년 6월 제1회 졸업생 7명을 배출하였다. 이들 이전에도 의사들은 있었다. 1893년 서재필이 미국 콜롬비아의과대학을 졸업했고, 1898년 일본에서 의학을 배운 박일근이 처음으로 개인 의원을 열었다. 하지만 제중원의학교 제1회 졸업생들은 정부로부터 정식면허를 발급 받은 한국 최초의 의사들이었다.

한편 조선정부는 1899년 학부 관할로 3년제의 의학교를 세워 의학교육을 시작하였다. 동시에 내부가 관할하는 내부병원을 세웠다. 1900년 내부병원은 광제원으로 개칭되는데, 광제원은 설립 목적과 병원 성격이 제중원과는 완전히 달랐다. 광제원은 구료 이외에 전염병 통제를 목적으로 삼았고 양약을 이용하기는 했지만, 근본적으로는 한의사와 한의학에 의존한 한방병원이었다. 1905년 일본이 한국을 실질적으로 장악하면서 의학교육은 파행을 맞게 되었고, 1907년 통감 이토 히로부미의 제안으로 의학교, 광제원 및 적십자병원을 통폐합하여 대한의원이 설립되었다. 대한의원은 일본이 한국의 의료를 장악할 목적으로 설립한 상징적인 의료기관이었다. 지방에서 일제의 한국 침략을 지원한 기관은 일본 의사단체인 동인회였다. 동인회는 1906년 평양, 1907년 대구에 동인의원을 설립하였고, 이 의원들은 각 지방에 거주하는 일본인 식민 이주자의 진료를 담당하였다.

의학의 도입과 함께 간호 교육도 시작되었는데, 1903년 보구녀관에 한국 최초의 간호부양성소가 설치되어 미 북감리회의 간호선교사인 에드먼즈가 책임을 맡았다. 1906년에는 세브란스병원에 간호부양성소가 설치되어 쉴즈가 책임을 맡았다.

선교사들의 활동이 활발해지면서 선교병원의 수는 전국적으로 증가하였다. 1900년 전국 13개 지역 22개였던 병원은 1910년에는 26개 지역 29개로 증가하였다. 특히 진료소가 중소도시까지 확장되었고, 종래 한옥을 개조하여 사용하던 수준을 벗어나 현대식 건물이 신축되었다. 이렇게 선교병원이 확장되면서 세브란스병원은 의학교육의 중심이자 각 선교병원을 돕는 중심적인 병원의 역할을 수행하였다.

1-1 알렌

1-2 한국 최초의 서양식 병원 재동 제중원(1885)

1-3 한국인 최초의 의사 서재필

1-4 한국 최초의 현대식 병원 세브란스(1904)

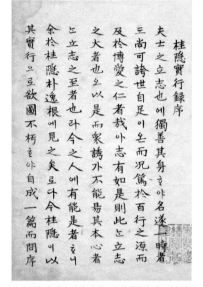
1-5 최초의 개업 의사 박일근의 자서전인 계은자술의 속표지

1-6 대한의원 개원식 기념엽서. 원장 사토(佐藤進)(1908)

1-7 평양 동인의원

1-8 제중원 발행의 화학교과서(1906)

1-9 의학교 발행의 병리통론(1902)

1-10 해주 구세요양원

1-11 에드먼즈가 설립한 보구녀관 간호부양성소(1903)

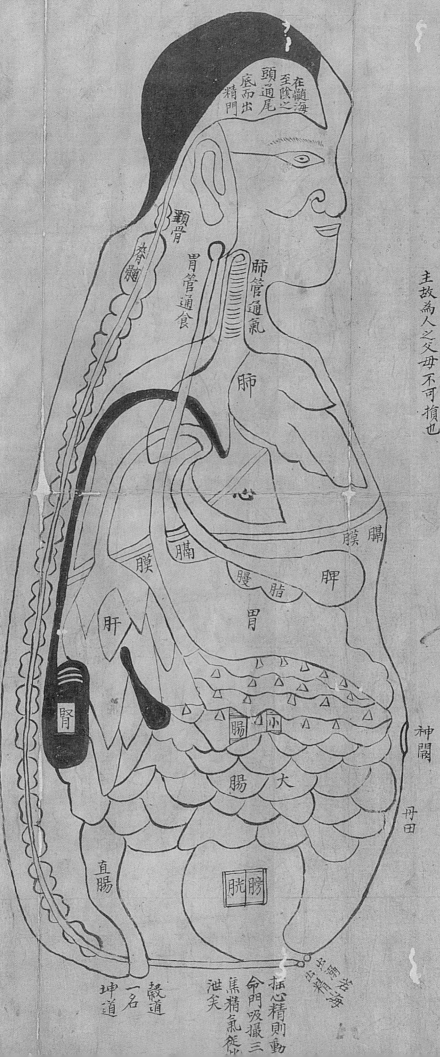

五臟圖

膈膜在心肺之下與脊脇
腰周四相著如幕不漏以
遮蔽濁氣使不上薰於肺

童中名氣海在兩乳之間為氣之海也
氣所居焉能分布陰陽者生源乃命之
主故為人之父母不可損也

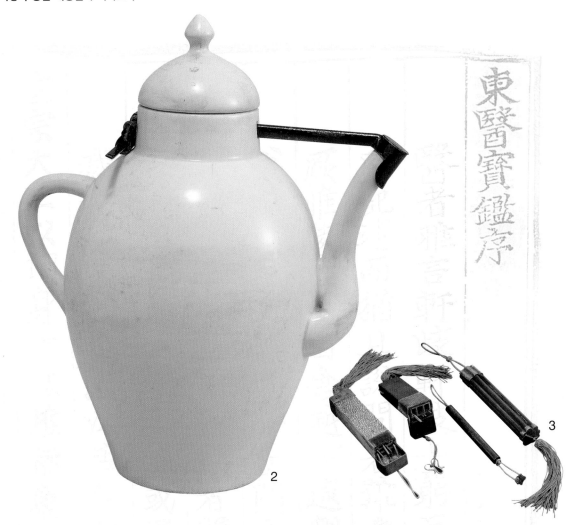

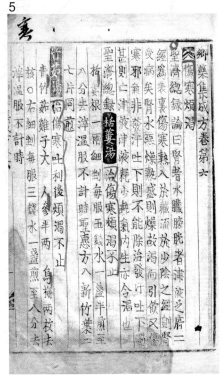

01 우리 나라의 재래의학

개항 후 서양의학이 본격적으로 도입되기 이전 조선에는 중국의 일정한 영향 아래 재래의학이 발전하고 있었다. 재래의학은 장부론과 같은 이론적 측면이나, 침술과 같은 치료적 측면에서 모두 서양의학과는 크게 달랐다. 체질과 풍토가 다르다는 인식이 정착되면서 조선의 재래의학은 중국과는 다른 궤적을 보였으며, 나아가 중국과 달라야 한다는 문화적 자의식을 분명히 표출하고 있었다. 그 결과 동의보감, 동의수세보원 등이 탄생하였다.

1. 재래의학의 해부학적 개념을 보여주는 오장도(조선)
2. 자물쇠가 달려 있는 약주전자(조선)
3. 침과 침통(조선)
4. 한약방(한말)
5. 향약집성방(조선)
바탕 : 허준의 동의보감(조선)

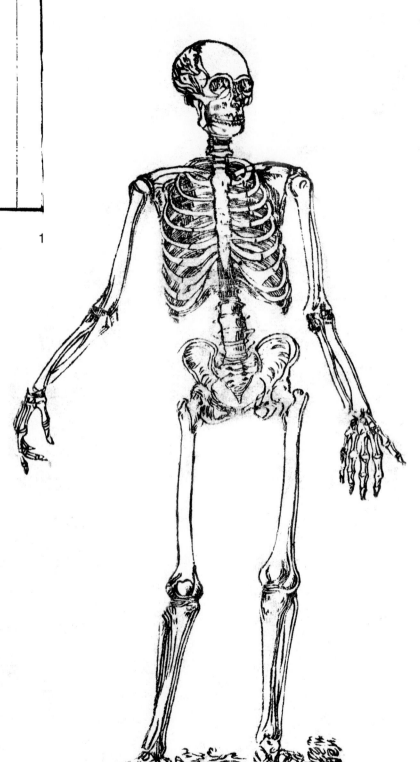

正面人骨圖

主制群徵目錄

卷之上

首以物公向徵計四段

次以物私向徵即後十條前六條屬物

體後四條屬物行

一以天向徵

二以氣向徵

三以地向徵

四以海向徵

五以人身向徵

497

1

2

3

4

5

6

02 서양의학 도입 이전의 접촉

조선 후기에 접어들어 중국을 경유하여 서양의학이 소개되기 시작하였다. 서양의학은 서적을 통해 소개되었는데, 가장 대표적인 책은 예수회 선교사로 중국에서 활동하던 샬폰벨이 저술한 주제군징이었다. 서양의학 서적에 특히 관심을 쏟은 사람은 이익, 정약용, 이규경, 최한기 등 실학자들이었다. 하지만 이 관심은 국가적인 차원이라기보다는 개인적인 차원에서 이루어졌다.

1. 샬폰벨의 주제군징(1629)
2. 홉슨의 전체신론(1851)에 들어 있는 해부도
3. 다수의 서양의학 관련 서적이 소장되어 있던 고종의 개인 서재 집옥재(한말)
4. 홉슨의 의서를 토대로 저술된 최한기의 신기천험 (1866)
5. 정약용
6. 종두에 대한 정약용의 저술인 종두심법요지(조선)

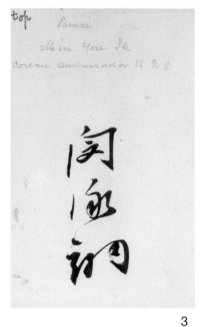

1

2

3

4

5

1884년 :
03 알렌의 내한 당시
국내외 상황

　　1876년 국교확대 이후 서구와 일본의 발
전상을 목격한 조선정부는 본격적인 근대화 작업에
착수하였다. 동도서기적 근대화를 추진하는 가운
데, 서양의학은 국가를 부강시킬 수 있는 기술의 하
나로 수용이 추진되었다. 한성순보는 서양 각국의
의료제도와 의학교육의 필요성을 언급한 기사들을
게재함으로써 서양의학의 적극적인 수용을 촉구하
였다.

1. 고종
2. 민영익
3. 보빙사 민영익의 명함(1883)
4. 갑신정변의 주역인 홍영식과 우정총국
5. 개천에서 빨래하는 모습
6. 김옥균의 치도약론(1882)

6

2

3

1885년 :
04 알렌의 병원설립안

1884년 9월 최초의 선교사로 내한한 알렌은 그 해 12월 발생한 갑신정변 과정에서 부상당한 민비의 조카 민영익을 치료하였다. 민영익의 치료 과정에서 서양의학, 특히 외과술에 대한 조선인들의 호응을 확인한 알렌은 서양의학을 시술하는 병원의 설립을 조선정부에 공식적으로 제안하였다. 이것이 바로 제중원 설립의 기초가 된 알렌의 병원설립안이다. 그는 이 제안서에서 새로운 병원이 서양식 진료뿐 아니라 서양의학을 가르치는 교육기관으로도 활용될 것임을 시사하였다.

1. 알렌
2. 알렌이 영어로 작성한 병원설립안(1885)
3. 병원설립안의 한문 번역(1885)
4. 알렌이 졸업한 마이애미의과대학의 졸업생 명부(1883)
5. 주한미국공사 푸트

4

5

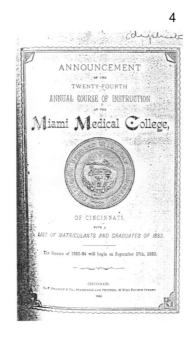

乙酉二月日公立醫院規則

第一條

生徒毎日學業之時限須自午前七時至正午後四時休日外不得浪

第二條

遊其精圈更知有衆建者公賞表揚

生徒掌合藥製藥設機械朱項一遵醫師指揮

第三條

書記二負掌各項文簿計算二詳明以上騰月總計之後晚中多

右考慎

2

1885년 4월 10일 :

05 제중원 개원

1885년 4월 10일 한국 최초의 서양식 병원인 제중원이 개원하였다. 제중원은 선교를 목적으로 알렌을 파견한 미 선교부 뿐 아니라 조선정부에게도 큰 기대의 대상이었다. 조선정부는 제중원의 개원에 즈음하여 '치료가 어려운 질병이 있는 자는 모두 내원하여 치료받아 국가에서 널리 구제하고자 하는 뜻에 부응하도록 할 것'을 알렸다.

1. 팔도사도삼항구일기에 실린 공립의원규칙(1885)
2. 재동 제중원
3. 통서일기에 실린 제중원 개원 기사(1885)
4. 제중원 개원 기념 공식만찬 초청(1885)

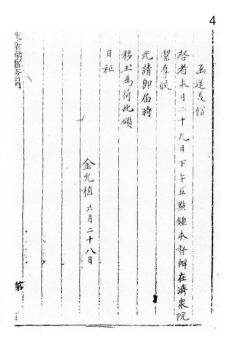

3

4

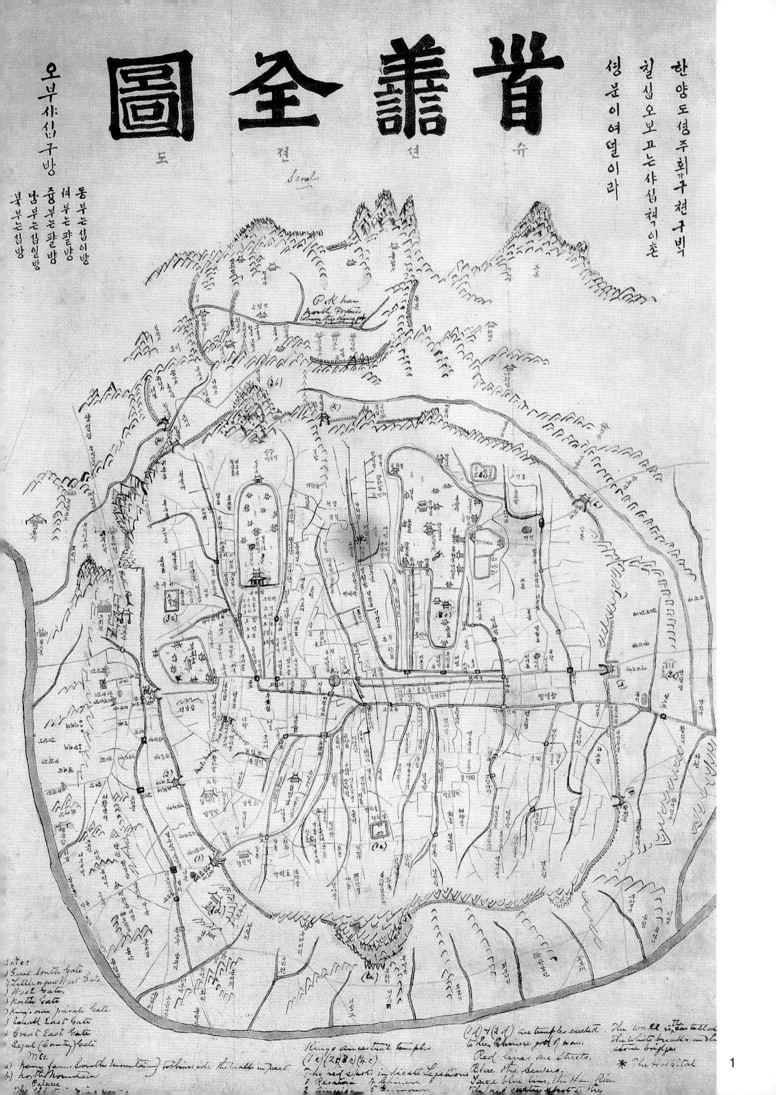

2

1885-87년 :
06 재동 제중원의 위치와 건물

제중원은 갑신정변의 주모자로 처형당한 우정국 총판 홍영식의 재동 집에 자리 잡았다. 알렌과 조선정부는 이곳에 40병상 수준의 병실과 하루에 외래환자 100명을 치료할 정도의 시설을 갖추었다. 그 면적은 600평 정도였으며, 1886년 의학교 건물이 설립됨에 따라 북쪽으로 확장되어 860평에 이르게 되었다. 이 건물은 제중원이 구리개로 이전한 후 경기여고, 창덕여고에서 사용하였으며, 1950년대 말 철거될 때까지의 변천 모습을 두 학교의 졸업앨범을 통해 알 수 있다.

1. 수선전도와 제중원의 위치
2. 재동 제중원의 복원 모형(2001)
3. 재동 제중원의 배치도(1886)

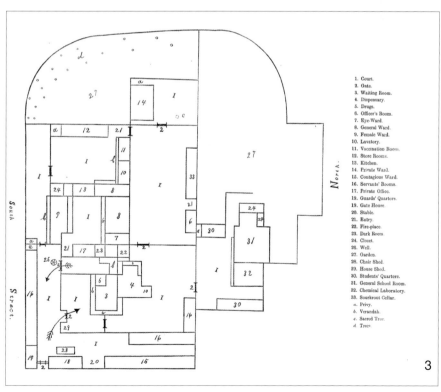

1. Court.
2. Gate.
3. Waiting Room.
4. Dispensary.
5. Drugs.
6. Officer's Room.
7. Eye-Ward.
8. General Ward.
9. Female Ward.
10. Lavatory.
11. Vaccination Room.
12. Store Rooms.
13. Kitchen.
14. Private Ward.
15. Contagious Ward.
16. Servants' Rooms.
17. Private Office.
18. Guards' Quarters.
19. Gate House.
20. Stable.
21. Entry.
22. Fire-place.
23. Dark Room.
24. Closet.
25. Well.
26. Garden.
27. Court.
28. Chair Shed.
29. House Shed.
30. Students' Quarters.
31. General School Room.
32. Chemical Laboratory.
33. Sourkrout Cellar.
a. Privy.
b. Verandah.
c. Sacred Tree.
d. Trees.

3

5

6

7

4. 경기여고 시절의 제중원 건물과 백송(1934)
5. 창덕여고 시절의 제중원 건물(1956)
6. 창덕여고 시절의 제중원 건물(1957)
7. 현 헌법재판소 구내의 백송(1990년대)

1

敕旨

侍 美醫師蕙論為
嘉善大夫者

大朝鮮開國四百九十五年十二月二十三日
劾勞飲多甚庸嘉尚特授二品階事承

2

3

4

1885-90년 :

07 제중원 의료진(선교사)과
양화진 묘지

제중원 설립 후 알렌, 헤론, 빈튼이 차례
로 운영의 책임을 맡았다. 하지만 이들 이외에도 각
선교부에서 파견한 많은 의료선교사들이 제중원을
거점으로 활동하였다. 여자 의사인 엘러즈, 호튼이
내한함으로써 제중원에 여성만을 위한 병동을 개설
할 수 있었다.

1890년 7월 헤론이 사망하자 조선정부는
양화진(마포구 합정동)에 묘지를 마련해주었다. 이
후 이곳은 외국인 전용 묘지로 한국에서 활동하였던
여러 선교사들의 안식처가 되었다.

1. 헤론
2. 헤론이 받은 교지(1886)
3. 창립 100주년을 기념하여 세워진 알렌관
4. 알렌의 흉상
5. 제중원 부녀과를 맡은 엘러즈

5

6

JOHN W. HERON M.D.
WHO CAME TO
KOREA IN 1885
MISSIONARY PHYSICIAN
TO
COURT AND LEGATIONS
BORN
DERBYSHIRE ENG. 1858
DIED
SEOUL JULY 1890.
THE SON OF GOD LOVED ME. AND
GAVE HIMSELF FOR ME.

7

6. 양화진 묘지 전경
7. 헤론의 묘소
8. 언더우드와 호튼의 묘비
9. 디비 에비슨의 묘소
10. 빈튼 가족의 묘소
11. 엘러즈의 묘소
12. 번스의 묘소
13. 제이콥슨의 묘비
14. 스크랜튼 대부인의 묘비
15. 휠드의 묘비

Myself on a Korean official Donkey, you also get a good view of our front yard & gate. H. N. Allen, 1885. Seoul Korea Korean Cook

1

2

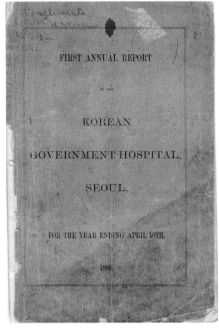

FIRST ANNUAL REPORT KOREAN GOVERNMENT HOSPITAL, SEOUL. 11

Forward	714	Forward	1,611
Retention Urine	1	Syph. Periostitis	96
Sexual excess	23	" Rupia	44
Strangury	3	" Tubercle face	21
Stricture urethra	14	" Ulcers body and legs	60
Syphilophobia	7	Syphilis and Leprosy	52
Syphilis	760	Syphilitic ulcer throat	18
Syph. Gumma anus	89	Total	1,502

VIII.
GENERAL DISEASES.

Anaemia	83	Forward	101
Chlorosis	4	Melanosis	7
Dropsy	51	Pernicious anaemia	1
" Ascites	8	Rachitis	3
Gout	3	Rheumatism	106
Kerosine poisoning	1	Scrofula	146
Marasmus	1	Uraemia	1
		Total	365

IX.
NEW DISEASES.

		Forward	6
Localized chills of Penis	6	Localized chills of Leg	1
		Total	7

X.
EYE DISEASES.

Amaurosis	25	Forward	393
Amaurosis and atrophy globe after variola	1	Epiphora	5
		Entropion	110
Blepharitis Marginalis	72	Glaucoma	1
Blepharospasm	1	Granular lids	5
Cataract	53	Hemeralopia	2
Conjunctivitis	67	Iritis	12
Corneal abscess	1	Keratitis	46
Chemosis	1	Nyctalopia	3
Corneal ulcer	59	Optic Neuralgia	1
" opacity	104	Ophthalmia—Gonorrhoeal	4
Dacryocystitis	1	Panophthalmitis	4
Detachment Retina	3	Pruritus Blepharalis	1
Ecchymosis	2	Pterygium	10

3

4

약제로는 틸프, 석탄산용액, 요도포름, 고무고약, 퀴닌, 화울러용액, 복합 요오드용액, 브롬화물 소다수, 황산구리용액, 필로카르핀, 모르핀, 아편제, 감홍, 피마자 기름, 황산연고, 대구 간유, 럼주, 브랜디, 살롤, 장뇌, 이서, 코케인, 클로로포름, 클로랄 등의 약제가 사용되었다.

5

6

1885-90년 :
08 알렌과 헤론 시기의 진료

제중원에서는 개원 후 1년 동안 모두 만여 명의 환자를 보았다. 이들 중에는 양반뿐 아니라 걸인이나 나병 환자 등 종래 천대받던 계층의 사람들이 포함되어 있었다. 부녀과가 신설되면서 여성만을 위한 진료도 이루어졌다. 따라서 선교사들은 제중원의 진료가 아주 민주적이었다고 자평하였다. 구체적인 진료의 측면에서는 재래의학에서 소홀히 이루어졌던 외과술이 강조되어 400여명이 외과적인 치료를 받았다.

1. 나귀를 타고 왕진 가는 알렌(1885)
2. 알렌이 사용하던 의료 기구(1880년대)
3. 제중원 일차년도 보고서(1886)
4. 보고서에 실린 환자 통계표
5. 당시 사용했던 의약품들
6. 알렌이 작성한 우리나라 최고(最古)의 서양의학 진단서
(1885)

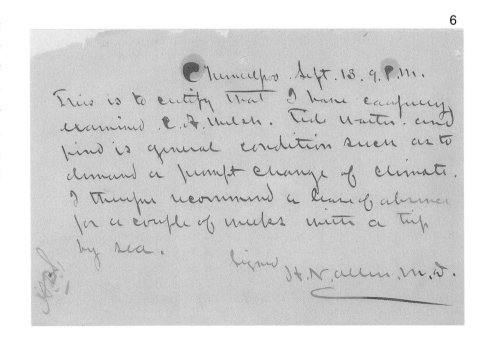

朝野新聞

30. Students' Quarters.
31. General School Room.
32. Chemical Laboratory.

4

履歷書

漢城府主事 李宜植 年四十六 本 興陽

住京

父 學生 應說

受業於濟衆院醫學卒業

丙戌五月十二日陞差濟衆院主事

戊子九月二十日因其職陞六

士辰七月晦日政校南部令

八月二日移濟衆院主事

甲午七月付中樞院員外部

八月十三日遞故

光武二年九月六日任漢城府主事 敍判任官五等

光武三年九月十二日陞四等

光武四年九月十四日陞三等

光武七年四月一日陞二等

5

1886년 3월 29일 :
제중원의학교

09

알렌은 병원 설립을 제안하면서 제중원이 조선의 젊은이들에게 서양의 의학과 위생학을 가르치는 교육기관의 역할도 담당할 것임을 밝혔다. 개원 후 1년 동안 서양의학에 대한 조선인들의 관심을 확인한 알렌과 헤론은 조선정부의 후원 아래 1886년 3월 29일 한국 최초의 서양의학 교육기관인 제중원의학교를 열었다. 알렌, 헤론 이외에 언더우드도 교육에 참여하였다. 선발된 학생들은 소정의 과정을 마친 후 정부 관리로 임용될 예정이었다.

6

1. 일본의 아사노신문에 실린 학생 선발 기사(1886)
2. 의학도 이의식의 제중원 주사 임명 및 주사 김의환의 학도 임명 기사(1886)
3. 제중원의학교가 표시된 도면(1886)
4. 제중원의학교에서 공부한 최종악
5. 제중원의학교 학생이었던 이의식의 이력서
6. 제중원의학교 학생들에 대한 명예졸업장 수여식(1998)

1885-90년 :

10 제중원에서의 전도

제중원에서 근무했던 알렌과 헤론은 모두 기독교 전도를 목적으로 내한했지만, 조선정부는 공식적인 포교를 인정하지 않았다. 하지만 선교사들이 많아지면서 선교사들 사이의 가족 예배와 일요 예배가 시작되었다. 최초의 한국인 개신교 세례자는 알렌의 두 번째 조선어 선생이었던 노춘경이었다. 그는 알렌의 책상 위에 있던 성경책을 읽은 후 기독교를 믿기 시작하였고, 헤론의 집에서 세례를 받았다.

1. 예수성교전서(1887)
2. 찬송가(1909)
3. 노춘경

제1부 한국 최초의 서양식 병원 제중원과 의학교육

1

2

3

4

11 한말 사람들의 생로병사

개항 이후 서양문물이 유입되면서 조선의
전통사회는 변화하기 시작하였다. 하지만 오백년
동안 발전해 온 조선사회의 기반이 가볍게 흔들릴
수는 없었다. 특히 관혼상제로 대표되는 문화는 쉽
게 변화하지 않았다. 주요 교통로에서는 정기적으
로 장시가 열렸고, 각 마을은 고유의 전통을 유지해
나가고 있었다.

1. 생일상
2. 실로 치아를 뽑는 광경(1903)
3. 전통혼례
4. 장례행렬

1

2

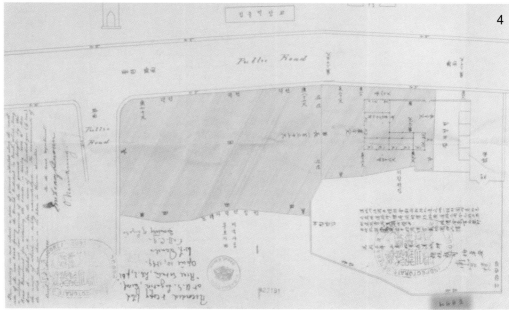

1887-1904년 :

12 **구리개 제중원의 위치와 건물**

일반 가옥을 개조한 제중원은 처음부터 병원으로 적절하지 않았고, 환자가 증가하면서 진료나 입원에 애로를 겪게 되었다. 알렌은 제중원의 공간 부족 문제를 근본적으로 해결하기 위해 이전을 모색하였다. 제중원은 1887년 현재 을지로 입구에 해당하는 구리개로 이전하였다. 부지의 넓이는 재동에 비해 2배에서 5배 이상 대폭 확대되어 진료 공간의 부족을 해결할 수 있었다.

1. 구리개 제중원의 위치가 표시된 한국경성전도(1903)
2. 일제하의 을지로. 오른쪽의 동양척식회사 건물을 지나 제중원의 출입구가 있었다.
3. 구리개 제중원의 건물과 직원
4. 에비슨의 집이 표시된 당시 지적도(1899)
5. 구리개 제중원의 건물

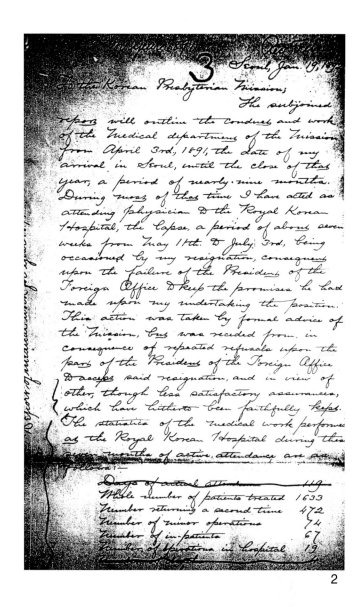

2

3

1891년 :

13 **구리개 제중원의 운영**

1890년 헤론이 사망한 후 위기에 빠졌던
제중원은 1891년 빈튼이 책임을 맡으면서 다시 정
상화되었다. 빈튼은 제중원을 자신의 의도대로 운
영하고자 하였으나, 여의치 않자 자기 집에 따로 진
료소를 꾸며 환자를 치료하고 전도 활동을 하기에
이르렀다. 결국 제중원은 병원으로서 제 구실을 할
수 없게 되었고, 에비슨이 처음 책임을 맡을 때에는
약국으로만 운영되는 상태였다.

1. 빈튼
2. 빈튼의 보고서(1892)
3. 에비슨과 하디 부부

1

2

3

4

1894년 :
14 제중원의 선교부 이관

1893년 제중원의 새로운 책임자로 에비
슨이 내한하였는데, 그가 본 제중원의 진료환경은
대단히 열악하였다. 정부에서 파견한 주사들은 수
입을 늘이기 위해 에비슨이 수술실로 만들려고 준
비해 둔 방을 허가 없이 세주기까지 하였다. 이 일
을 계기로 에비슨은 조선정부의 관할 아래 제중원
을 운영하는 일이 불가능하다고 판단하고, 운영권
의 미 선교부 이관을 추진하였다. 재정난으로 어려
움을 겪던 조선정부는 에비슨의 제안을 수용하고,
마침내 1894년 9월말 그 동안 이원적으로 운영되
던 제중원은 미 선교부의 관할 아래로 귀속되었다.

1. 에비슨
2. 에비슨의 제중원 사직 통보(1894)
3. 제중원 전관(1894)
4. 에비슨의 제중원 운영원칙

I posted a notice to that effect
and that the clinic would be held on rainy days as well as on fair ones,
because many surgical dressings needed to be changed daily and there
might be others who needed immediate attention whatever the weather,
and ere long the attendance was almost as good on rainy days as on bright
ones.

1

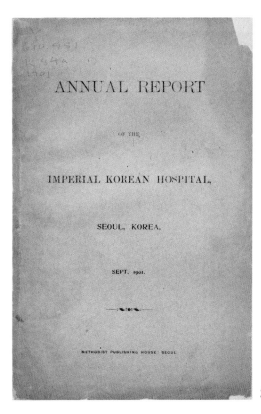

2

3

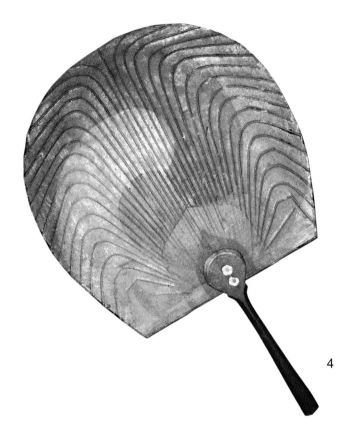

4

5

6

7

8

1894-1904년 :
15 에비슨 시기 의료진 및 진료

미 선교부가 제중원의 책임을 맡은 이후
여자 의료인의 합류가 두드러졌다. 1895년에는 여
의사 화이팅, 간호사 제이콥슨, 1897년 10월에는
여의사 휠드, 간호사 쉴즈, 12월에는 여의사 휘시
가 내한하여 제중원 진료에 참가하였다. 휠드는
1899년 에비슨이 안식년으로 제중원을 비운 사이
그 책임을 맡기도 하였다. 빈튼, 하디 역시 에비슨
의 공백을 메웠고, 고종의 어의 분쉬는 에비슨의 수
술을 도와주기도 하였다.

1. 구리개 제중원의 직원 일동
2. 제중원 보고서(1901)
3. 에바 휠드의 일기
4. 콜레라를 퇴치한 공으로 고종이 하사한 부채(1895)
5. 휠드
6. 셔록스
7. 제이콥슨
8. 분쉬
9. 제중원의 금계랍 광고(1899)

廣告

美國셔 新出京眞品金雞蠟과 蛔
蟲藥과 上品盤子紙가 만히잇스
오니願買ᄒ시ᄂᆞᆫ 僉君子ᄂᆞᆫ
銅峴濟衆院으로 來購ᄒ시오

濟衆院 告白

9

You are no happier to receive it than I am to give it.

1

2

1904년 :
16 세브란스병원의 건립

1900년 4월 에비슨은 미국 뉴욕에서 열린 만국선교대회에 참석하여 의료선교에서 우의라는 내용의 강연을 했다. 그 강연을 들은 클리블랜드의 부호 세브란스는 에비슨의 연합 의료기관 설립 계획에 공감을 표시하고, 1만 달러를 기증하였다. 그러나 평양지역 선교사들이 전도사업에 방해가 된다는 이유로 반대로 나서고, 조선정부 역시 대지 선정에서 비협조적인 태도를 보임으로써 병원 건설에 장애가 생겼다. 하지만 세브란스의 거듭된 재정적 지원에 힘입어 1904년 9월 23일 한국 최초의 현대식 병원인 세브란스병원이 문을 열게 되었다.

1. 세브란스
2. 정초식 광경(1902)
3. 정초식 초청장(1902)
4. 세브란스병원의 건축을 담당한 고든
바탕 : 알렌의 정초식 기념사(1902)

본월이 십칠일 (음력 십월이 십팔일) 오후
세시에 남문밧게 새로 짓는 제중원 (쎄버란
씨 긔렴병원) 긔초의 모통이 돌을 놋겟소
니 오서서 참예호심을 브라 옵ᄂ이다
이 돌을 대미국공ᄉ 안련씨가 놋겟소 옵
구쥬강셩 일쳔구백이년 십일월
대한광무 六년임인 十一月
제중원빅

3

4

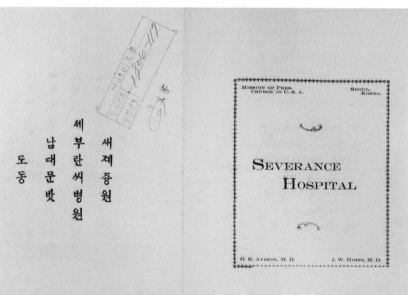

MISSION OF PRES.
CHURCH, IN U. S. A.

SEOUL,
KOREA.

SEVERANCE
HOSPITAL

O. R. AVISON, M. D.

J. W. HIRST, M. D.

새제즁원
세부란씨병원
남대문밧
도동

The main building of
the Severance Hospital be-
ing now completed you are
cordially invited to a re-
ception which will be held
in it on Wednesday, Nov.
16th, 1904, at 4 P. M.

세부란씨병원(남대문밧새로지은
제즁원)다되엿삽기로금월양력동
지달십륙일오후새로네시에낙셩
연을홀겟사오니오셔셔참례ᄒ시
기를바라니이다

6

5. 세브란스병원 전경
6. 병원 개원식 초청장(1904)
7. 병원 준공 후 정지 작업 광경(1904)
8. 병원 준공 후 정지 작업을 하는 간호원들(1904)
9. 서울역 앞 세브란스병원 터에 설치된
   제중원지(濟衆院址) 표식(서울시 제작)

제중원터 濟衆院址

제중원은 우리나라 최초의 서양식 의료기관이다.
1885년 미국 선교사 알렌(H. N. Allen)이 설립할
당시에는 '왕립 광혜원' 이었으나 곧 제중원으로
이름을 바꾸었다. 1900년에 미국인 세브란스
(L. H. Severance)의 지원으로 현 위치에 건물을
새로 짓고 세브란스 병원으로 명명하였다

Site of Jejungwon Hospital

Founded by the American missionary
H. N. Allen in 1885, Jejungwon was the
first Western-style hospital in Korea.

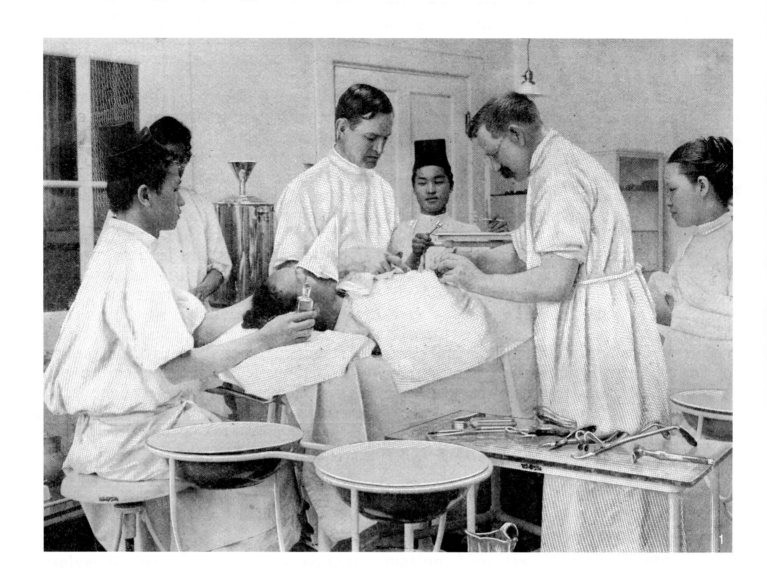

...cal and major, some of the more important being as follows :

Eye—Cataract, Iridectomy, Extirpation of Eyeball, Ptorygium, Entropion and Ectropion.

Ear—Paracentesis of drum, Repair of pinna, Removal of polypi and other tumors.

Nose—Straightening of septum. Removal of polypi, Extirpation of adenoids.

Throat—Amputation of uvula, Extirpation of tonsils.

Abdomen—Ovariotomy. Herniotomy, Extra—uterine pregnancy, Gastrostomy, Hepatic Abscess. Paracentesis.

Amputations—Fingers, hand, arm, toes, foot, leg, thigh.

3

4

17 세브란스병원의 진료

1904년 세브란스병원의 새 건물에서 진료를 시작하면서 나타난 가장 큰 변화는 새로 허스트가 의료진으로 합류했다는 점이다. 그의 합류로 향후 세브란스에서는 중단 없이 진료와 교육이 진행될 수 있었다. 그리고 1908년 제1회 졸업생들이 합류하자 보다 전문적인 진료가 가능하게 되었다.

1. 신축한 세브란스병원에서의 수술 장면(1904년경)
2. 가마를 타고 진료를 받으러 온 고관(한말)
3. 병원 직원 일동(1905)
4. 허스트
바탕 : Korea Mission Field에 실려 있는 개원 후
　　　17개월 동안의 진료 실적(1906)

We have instituted a course of studies embracing the following subjects for the first year — Physiology and English to be taught by Dr Whiting. Nursing, Bandaging, and Massage, by Miss Jacobsen.

Chemistry and Materia Medica & Pharmacy by Dr Vinton, Anatomy, Elementary Microscopy & Electricity, Simple Skin diseases, Examination of Heart, Lungs, & Urine by Dr Avison.

Study hours embrace from 10 to 12 Every forenoon except Wednesdays which is devoted to operations and Anaesthetics, from 5 to 6 every afternoon, and from 7 to 8 four evenings in the week.

This arrangement will give Dr Vinton three hours per week at the hospital in teaching, which he kindly consents to and I refer it to the mission for approval.

1

The present staff consists of,
Chun Pyung Say, fifth year,

Suh Hyo Kwon, fourth year, son of Suh Kyung Jo, the Song Chun Elder,
Pak Suh Yang, second year, ,, ,, Pak the butcher.
Kim Chung Won, second year,
Hong In Hoo, first year, ,, Hong, deacon at Sai Moon An.
Hong Tuk Soo, first year, son-in-law-to-be of Suh Sang Yun.

2

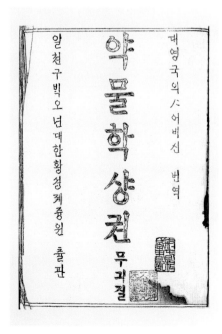

3

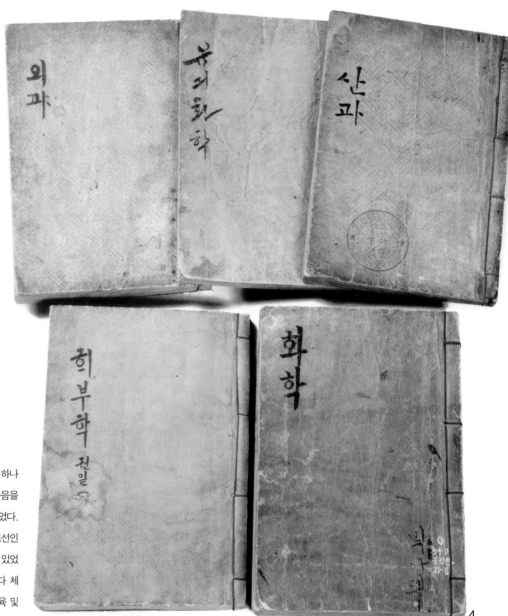

1908년 :
18 제중원의학교 및 첫
졸업생의 배출

에비슨이 선교사를 지원한 이유 중 하나
는 조선인 학생들을 교육시켜 의료를 통해 복음을
전파할 수 있는 의사를 양성하고자 하는 것이었다.
에비슨은 제중원의 책임을 맡은 이후부터 조선인
조수를 고용하여 일정한 의학교육을 시키고 있었
다. 1900년 안식년에서 돌아온 에비슨은 보다 체
계적인 의학교육을 실시하였다. 그는 기초 교육 및
임상 실습을 마칠 수 있는 기간으로 8년을 정하고,
학생들의 안정적인 교육을 위해 위의 기간 동안 생
활비를 지급하기로 하였다. 또한 본격적인 의학교
육을 위해서는 교과서의 편찬이 필수적임을 깨달은
에비슨은 의학생들과 함께 교과서 번역을 시작하였
다. 각 교과서는 제중원의학교뿐 아니라 다른 학교
의 교재로도 이용되었다. 에비슨이 의학교육을 시
작한 지 10여 년 만인 1908년 7명의 첫 졸업생을
배출하게 되었다. 이들에게는 한국 최초로 의술개
업인허장 1~7번이 부여되었다.

4

1. 강의 상황을 담은 에비슨의 연례보고서(1896)
2. 처음으로 학년이 부여된 학생들의 명단(1901)
3. 약물학 교과서 및 서문(1905)
4. 에비슨에 의해 편찬된 의학교과서들(1900년대)

The first Graduating class 1908.

第壹回卒業生一九〇八年

5

5. 허스트와 7명의 첫 졸업생(1908). 뒷줄 왼쪽이 김필순,
가운데가 홍석후이며, 가운데 줄 왼쪽이 주현칙,
오른쪽이 박서양이다. 김희영, 신창희 및 홍종은이
사진 속의 누구인지는 아직 확실하지 않다.
6. 제1회 졸업식 광경(1908)
7. 에비슨, 허스트와 7명의 첫 졸업생(1908)

8

1915.
AT SEVERANCE HOSPITAL.

9

10

11

12

醫學博士

醫學博士

洪錫厚氏

洪鍾殷氏

8. 제1회 졸업생 김필순
9. 제1회 졸업생 홍석후(1915).
　그의 의술개업인허장은 3번이었다.
10. 제1회 졸업생 주현칙.
　그의 의술개업인허장은 6번이었다.
11. 제1회 졸업생 박서양(탕건을 쓴 오른쪽 사람)
12. 홍석후와 홍종은을 의학박사로 표시한 광고지
　(1909년경)

2

3

4

1906년 :
세브란스의 간호교육

19

　알렌은 제중원을 개원한 직후 기녀 여러
명으로 하여금 간호업무를 담당하도록 하는 동시에
그들을 간호사로 육성하고자 하였다. 하지만 본격
적인 간호교육은 쉴즈에 의해 이루어졌다. 그녀는
1906년 9월 세브란스병원 간호부양성소를 설립하
였고, 유교적인 전통으로 인해 교육생 모집이나 교
육에 곤란을 겪으면서도 1907년 교육을 시작하여
1910년 첫 졸업생을 배출하였다.

1. 쉴즈
2. 간호부양성소의 직원과 학생 일동(1908)
3. 한국 최초의 간호교과서(1908)
4. 일제 시기의 간호부양성소 학생모집 광고(1920)

看護婦募集廣告

本所에셔看護婦幾名을今秋期에新募集養成코져ᄒ야兹에廣告ᄒ오
니志願僉位ᄂᆞ來九月十日內로左記에依ᄒ야志願書를提出하심을
務要홈
一、資格　普通學校를卒業ᄒᆞᆯ者或은同等以上에學方이有ᄒ者
一、年齡　拾八歲以上參拾歲以下
　　（但　詳細事項은本所에來議或은葉書로問議ᄒᆞᆷ도可홈）

大正九年八月　日

京城府南大門通五丁目百拾五番地
世富蘭偲聯合病院附屬

看護婦養成所　白

한 거즛말과 더러온 일만 행하야 시시로 하나님 슬허하시는 것만하야 무한이 죄 틀지여 형벌를 싸아두니 장찻 밧을거시 무엇시요 형벌 밧씨는 업도다 하나님쎄 셔 한번 노하시면 뉘가 능히 그 압해 서리오 올혼 사람이라야 셜터이니 이세상 에 올혼 사람이 어대잇소 참 업도다 만일 사람을 죄대로만 다사리섯드면 세상에 남을 인죵이 하나도 업슬지라 그러나 하나님쎄셔 이세상을 불상이 넉이사 구월에 하실 사랑을 배푸시되 지극히 공번되신 법으로 당신의 사랑하시는 아달를 이세 상에 보내사 사람되게하실제 일쳔 구백 여년전에 동방 유태국에 하나님을 뭉 경하는 쳐녀 마리아에게로 탄생식히시고 일홈을 예수라하니 이 뜻슨 곳 세상을 구원하시는 쥬라 모든 사람을 하나님의 도로 가라치시고 나죵에는 모든 밋는 사 람의 죄를 대신하야 죽으시고 무덤에 장사한지 삼일만에 다시 사러 나러나셔서 십일동안 제자를 더 가라치시고 대낫에 여러 제자압헤셔 륙신으로 숭쳔하사 얼마 나감사하오 예수쎄서 세상죄인을 위하야 하날문을 크게 여러 놋코 드러오기를 기다리시니 얼마 날짜지 세상죄인을 위하야 하날문을 크게 여러 놋코 드러오기를 기다리시니 아모던지 지금 곳 이전에 지은 아모던지 예수쎄서 내죄 대신죽으신것과 나들구 죄를 원통이 아라 뉘웃처 곳 예수쎄 내죄 대신죽으신것과 나들구 원하신 주로밋고 하나님압회 엄대여빌되 나갓혼 죄인을 불상이 넉이사 예수님의 내죄 대신죽으신 공노를 보서서 내죄를 사하야 주시옵소서 하시고 평 안한길로 인도하시고 성신으로 감동하사 능히 모든 선한일을 행하게 하실터이니 한번 김히 생각들하시고 어서들 하나님을 차즈시오 이전에는 이런말삼을 듯지도 못하고 알지도 못 하엿거니와 이제는 왕케 하겟소 가령 나라법으로 비교하 면 젼령하기전에 법을 범햇스면 혹 몰나서 범햇시니 혹 조금 용서해도 필경 그 죄갑슬 경중간에 밧거든 듯고 밋지 아니하면 그 형벌이 엇더하릿가 김하들 생각하시고 이 아래긔록한 교당을 차져 가서더 무러도보고 책도 사다가 자서이 보시면 큰 복을 밧으리라

서울 련동 민목사 경긔도 광주 새터 숫희 양지 가골 안성읍 충청도 진쳔산거리
청주읍내 김홍경 조쳐원장 여현긔 룡림 회인 버주리 또 가라쳐 줄일은 서울로 제
중원에 고명한 영국 의원이 병인 치료하오니 병잇는 사람들은 그리로 가시오

하나님씌 감사함

속담에니라기를 밥잘먹기는 하나님덕이라하되 말로는그러하나 실상마음으로는 조금도 고마온뜻시업도다 근년에는 하나님씌셔 우로지택을 만이나리사 흉년을면 케하시고 풍년을주셧스니 우리 대한인민은 맛당히 하나님씌 감사할거시 첫재는 사람이 아모리 재조가잇다 해도 만일 하나님씌셔 비와 이슬을 아니주시면 농사도 할수업고 이세상에 아모 긔이한 재조가잇는 사람이라도 곡식씨를 만드러시 는사람은 업슬터이라 사람의하는 일은 불과 하나님이 만드러노신 씨를 싸에셔리 고 매셜름이오 싹이나셔 자라고 웃치피여 결실하게하기는 하나님에 권능이니 풍 년되는거시 엇지 하나님에 은혜가아니리오 지금세계에 셔양 개명한나라 백성들 은 추수한후에는 특별이 감사하는 날을잡정하고 이날에는 전국 관민이 교당에 모 혀 하나님씌 감사하고 찬미하는 례식이 잇거마는 우리 대한에셔는 하나님을 감사 하기는 고사하고 위션 곡식이 익으면 쩌러다가 밥을짓던지 쩍을씨던지 해가지고 러주니 걸림이니 대감이나 성황당이니 각색 사람의 손으로만든 사신에게 갓다노 코 복을 달나하니 엇지 애셕지아니하리오 이거슨 맛치비유컨대 제 부모의 밥먹고 부모의 원수된자를 차져 친하고 섬기는것과 다름이업도다 사람이 하나님의 은혜

1894-1904년 :

20 구리개 제중원에서의 전도

1894년 제중원이 미 선교부로 이관된 이후 전도가 완전히 자유로워졌다. 제중원에서 전도 활동은 병원 전체에서 이루어졌는데, 대기실에서 진찰을 기다리는 환자들에게는 전도지를 나누어 주거나, 입원 환자들을 대상으로 예배를 보았다. 전도 활동은 1901년 6월 서상륜을 병원 전도사로 고용함으로써 더욱 활발해졌다.

1. 전도지(한말)
2. 전도사 서상륜
3. 전도용으로 제작된 의학 관련 소책자.
   위생(1907), 영아양육론(1912).

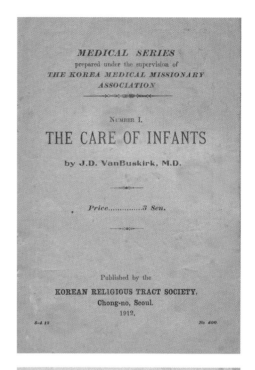

MEDICAL SERIES
prepared under the supervision of
THE KOREA MEDICAL MISSIONARY
ASSOCIATION

NUMBER I.

THE CARE OF INFANTS

by J.D. VanBuskirk, M.D.

Price.............3 Sen.

Published by the
KOREAN RELIGIOUS TRACT SOCIETY,
Chong-no, Seoul.
1912.

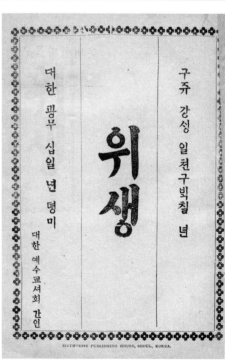

구쥬 강성 일쳔구빅칠 년
대한 광무 십일 년 뎡미
위생
대한 예수교셔회 간인
METHODIST PUBLISHING HOUSE, SEOUL, KOREA.

ARTICLES OF AGREEMENT made this 10th day of April, 1905, between the

DEPARTMENT FOR FOREIGN AFFAIRS OF THE KOREAN GOVERNMENT, party of

the First Part, and THE BOARD OF FOREIGN MISSIONS OF THE PRESBYTERIAN

CHURCH IN THE UNITED STATES OF AMERICA, by C. C. Vinton, Treasurer,

duly authorized, party of the Second Part, as follows:

Whereas, in an agreement entered into between the party of the First

Part and the party of the Second Part in the year 1894 (contained in

despatch no. 29, from the Honorable J. M. B. Sill, Minister Resident

of the United States, and in despatch no. 24 in reply thereto, from

the Honorable Kim Yun Sik, Minister for Foreign Affairs of the Korean

Government) it was agreed that the Government Hospital (Chei Chung Wan)

in Seoul should be delivered over by the party of the First Part to be

operated by and at the expense of the party of the Second Part, being

subject to be resumed at any time by the party of the First Part upon

one year's notice, duly given to the party of the Second Part, of such

intention and upon the payment by the party of the First Part to the

party of the Second Part of certain sums as agreed; and

Whereas, the party of the First Part having now indicated its inten-

tion to give such notice of resumption, and it being understood by the

party of the Second Part that the party of the First Pat is very desi-

rous of obtaining immediate possession of a portion of the hospital

property;

Therefore, it is hereby agreed that the party of the Second Part ¢

consents to waive its claim to one year's notice as previously agreed,

upon the carrying out of the following conditions:--

(First) Immediate payment of the following sums, as per the agree-

ment of September, 1894,

Physician's house	Yen 8500.00
Servants' quarters	260.00
Well	300.00 Yen 9060.00

23174

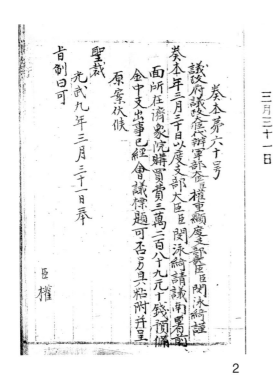

2   3   4

1905년 :

21 제중원 반환

1894년 제중원의 운영권 이관과정에서
미 선교부는 조선정부가 원할 경우 제중원 건물과
대지를 환수할 수 있다는 데 동의하였다. 세브란스
병원이 건립된 다음 해인 1905년 일본공사관과 미
국 공사 및 선교사 사이에 제중원의 토지와 가옥을
반환하는 협상이 타결되었다. 이로써 제중원과 조
선정부의 관계는 완전히 정리되었다. 하지만 1906
년 조선정부가 세브란스병원에 찬성금을 주면서
'제중원'이라 지칭한 사실에서 알 수 있듯이 새 병
원은 한국인에게 여전히 제중원으로 남아 있었다.

1. 제중원 반환에 관한 약정서(1905)
2. 제중원 구매에 관한 사항이 실려 있는 주본 제60호
   (1905)
3. 제중원 구매를 알린 관보(1905)
4. 1906년 조선정부가 세브란스병원에 지출한
   제중원 찬성금에 관련된 문서(1906)
5. 제중원 부지에서 개최된 경성박람회 기념엽서(1907)

5

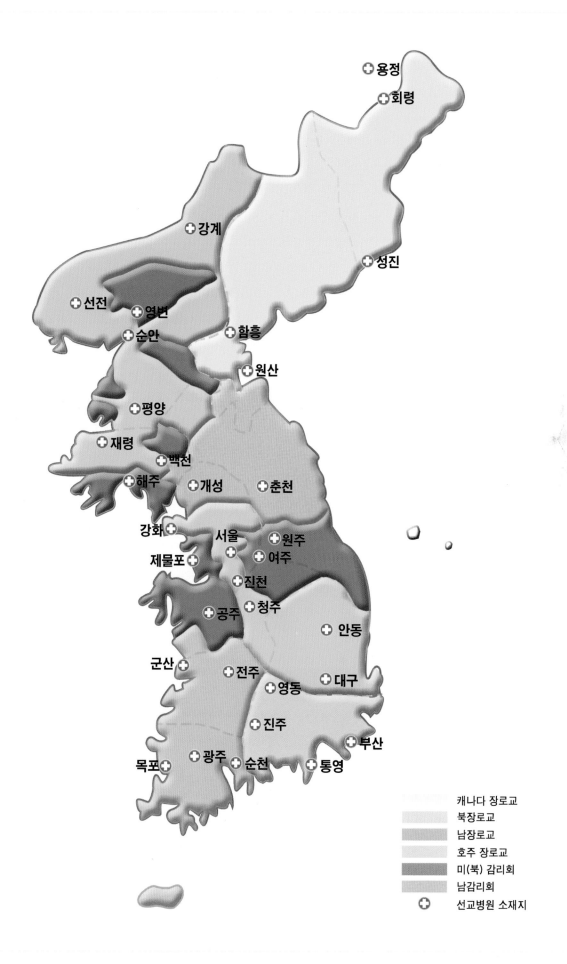

용정

회령

강계

성진

선전

영변

순안

함흥

원산

평양

재령

백천

해주

개성

춘천

강화

서울

원주

여주

제물포

진천

공주

청주

안동

군산

전주

영동

대구

진주

부산

목포

광주

순천

통영

캐나다 장로교
북장로교
남장로교
호주 장로교
미(북) 감리회
남감리회
⊕ 선교병원 소재지

1

2

3

4

5

22 각 지역의 제중원 – 선교 병원의 중심 세브란스

한국 최초의 서양식 병원이었던 제중원은 그 이름 자체가 하나의 상징으로 자리잡았다. 서양인 의사가 한국인들을 위해 설립한 병원이라는 상징이었다. 광주, 대구, 영변, 재령 등 각 지방에 세워진 선교병원들이 '제중원' 이라는 이름을 차용한 이유도 거기에 있었다.

1. 한반도와 각 교파의 선교 구역
2. 미 북장로회의 대구 제중원(동산병원)
3. 감리회의 시병원(서울)
4. 미 남장로회의 전주예수병원
5. 호주장로회의 진주배돈병원
6. 세브란스병원을 제중원으로 표시한 1922년의 동아일보

6

濟衆院入院料

남대문밧 제중원은 수십년동안 우리사회에 공헌이만흔 병원인 것은 누구나다아는바인대 근일 재제공황한것들 당하야 일반환자에게 다소의편의를 도으려고 지난달 하순부터 림원료금을일아 래와가치 감회하엿는대 특등에 륙원 오원으로록원 일등에이원이용 이원 삼동에일원이라더라

■ 제2부

국권침탈과 연합의료선교

- 세브란스병원의학교 -

■　■　■

　각 지역별로 이루어지던 의학교육 활동이 비효율적임을 인식하고 각 교파에서는 의료선교 활동과 의학교육의 중추 기관으로서 세브란스병원을 선교 연합기관으로 만들고자 하였다. 의학교육과 관련하여 연합화를 위한 구체적인 움직임은 제중원의학교 제1회 졸업생들이 배출된 1908년부터 시작되었다. 이 해 열린 의료선교사들의 연례회의에서 각 교파의 선교사들은 선교부의 승인을 전제로 제중원의학교에서 강의할 것을 결의하였고, 일부 선교사들이 교육활동에 단기적으로 참여하기 시작하였다. 하지만 이때 각 교파는 소속 의료선교사들을 제중원의학교의 의학교육에 참가시키기는 하였지만, 전임 교수인력으로 파견하지는 않았다. 이 사이에 사립학교 설치령이 반포됨에 따라 제중원의학교는 1909년 7월 세브란스병원의학교란 명칭으로 학부에 등록하였다.

　세브란스병원의학교가 명실 공히 각 선교부가 공동으로 운영하는 연합의학교로 출발한 시기는 1913년이었다. 남장로회, 남감리회, 감리회에서 전임 교원을 파견하였고, 호주장로회에서도 단기적으로 교원을 파견하였다. 이를 계기로 세브란스병원의학교는 세브란스연합의학교라는 명칭을 사용하기 시작하였다. 종래 소수의 북장로회 소속 선교의사들이 진행하던 의학교육의 범위는 다른 교파 선교의사들의 파견으로 인해 확대되어 기초와 임상에 걸친 다양한 교육이 진행되었다. 그 결과 1913년부터는 매년 졸업생을 배출할 수 있게 되었다.

　한편 일제는 한국을 식민지로 만든 1910년, 일본의 선진성을 상징하는 서양의학 의료기관을 설치하고, 그곳에서 이루어지는 진료를 통해 일본 식민정책의 시혜성을 부각시키고자 하였다. 그 첫 조치로 통감부 시기에 설립된 대한의원을 조선총독부의원으로 이름을 바꾸었다. 조선총독부의원은 한국인들을 총독부 통치에 순응시키기 위한 무료 환자 치료도 병행하였다. 지방에서 총독부의원과 같은 역할을 한 의료기관은 자혜의원이었다. 1909년 12월부터 전국에 설치되기 시작한 자혜의원은 '자혜'라는 명칭에서 알 수 있듯이 무료진료를 통해 일본 지배에 대한 한국인들의 반감을 없애고 그에 대신하여 우호적인 감정을 심어 준다는 뚜렷한 목적을 지니고 있었다.

　일제는 의료인에 대한 관리와 규제를 위해 1913년 의사규칙과 간호부규칙을 반포하였다. 이 규칙은 식민지 의학 교육체계에서 관립 우위의 교육서열이 형성되는 계기로 작용하였다. 사립과 관립 사이의 의학교육 수준이 뚜렷하게 차이가 나지 않는 상황임에도 불구하고 조선총독부의원 부속의학강습소를 졸업한 학생들에게 자동적으로 의사면허를 부여했기 때문이다. 반면에 종래 자동적으로 면허 부여를 받았던 세브란스연합의학교 졸업자들은 의사시험에 응시해야만 했다.

2-1 세브란스연합의학교의 졸업장(1914)

2-2 조선총독부의원 부속의학강습소의 졸업앨범(1916)

2-3 강릉 자혜의원 전경

2-5 의사면허증 32호(에비슨, 1914)

2-4 조선총독부의원 전경

2-6 의사시험합격증(이재영, 1915)

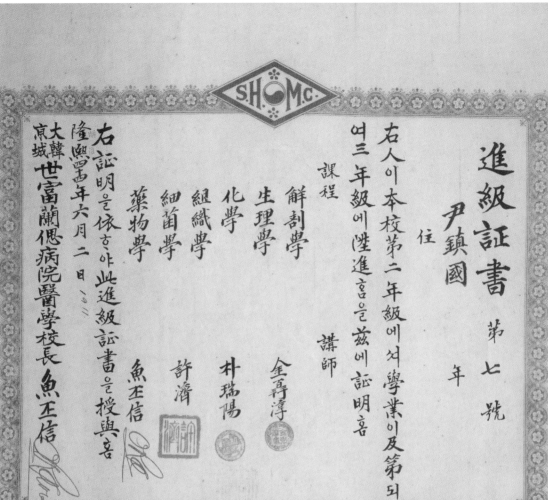

1

2

3

4

1909년:
23 세브란스병원의학교

제1회 졸업생을 배출한 후 이들이 학교에 남아 강의를 맡으면서 의학교육은 보다 전문화되었다. 이들은 간호부양성소에서도 강의를 맡았다. 학교는 1909년 7월 '세브란스병원의학교' 라는 이름으로 학부에 정식으로 등록하였으며, 1911년 6명의 제2회 졸업생을 배출하였다. 1912년 의학교육의 정상화를 위해 10개월 정도 학교를 폐쇄한 채 교사의 신축을 진행, 완성시켰다. 그 결과 1913년 제3회 졸업생 이후 매년 졸업생을 배출할 수 있게 되었다.

1. 세브란스병원의학교의 진급증서(1911)
2. 졸업식이 거행되었던 구내교회(지금의 남대문교회)
3. 의학교의 직인
4. 제2회 졸업생들(뒷줄)과 교수진(앞줄)(1911)
5. 제2회 졸업식의 초청장(1911)

5

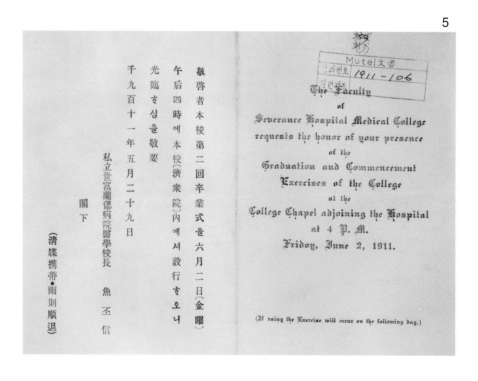

6

Program of Graduation Exercises
Of the Severance Medical College.
Chairmen   Dr. Daniel
                  Dr. Hong
Hymn   Congregation.
Prayer   Pastor Oak.
Hymn   Students.
Addesc   Aims & Character
        Of our college work Dr. Carrell.
Presentation of Diplomas & C   Dr. Avison
                               Dr. Hirst.
Address to Graduates Responsivitities of
             Physicians.
Address   Graditates.
Hymn.
Prayer

卒業式 順序

會長   언더밀 醫師
            洪鍚厚
讚頌   合同
祈禱   朴鎭燦
讚頌   學生
讚說   本校의目的及性質
卒業證書 授與   校長
            許濟
勸說   (醫師의責任)
答辭   卒業生.
讚頌
閉會祈禱

對內
對外 文書
         예비이름
         1913 - 38
일련번호

7

8

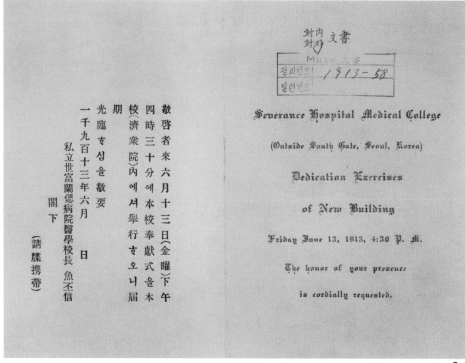

6. 제3회 졸업생들(앞줄)과 교수진(뒷줄) (1913)
7. 제3회 졸업식 식순 (1913)
8. 신축 교사 (1913)
9. 신축 교사의 봉헌식 초청장 (1913)

9

Severance Union Medical College

Seoul, Korea

校學醫合聯偓蘭冨世

This is to certify that

Yun Chin Kook

having completed the course of study in this institution and passed the examinations required for the degree of

Bachelor of Medicine and Surgery,

the same is hereby granted with all the rights, honors and privileges pertaining thereto.

Seoul, Mar. 31, 1914. O.R. Avison, M.D. President of College

卒業證書

尹鎭國

年二十四

右貟이本校의規定
호醫學全科를修了
호고相當호試驗을
經過호엿기

醫學得業士

의稱號를得호證書
를授與홈

主降生二千九百十四年三月三十日

朝鮮京城 亞富蘭偲聯合醫學校

校長博士 魚丕信

京城

世冨蘭偲聯合醫學校

第七回卒業紀念珍覽

Class Book
of the
Seventh Graduating Class
of the
Severance Union Medical College
Seoul, Chosen.
1917

4

1913년 :

24 세브란스연합의학교로의 개칭

세브란스병원의학교의 연합화 움직임은 제1회 졸업생들이 배출된 1908년부터 본격화되었다. 이 해 열린 한국의료선교사협회에서는 각 교파의 선교 의사들이 선교부의 승인 하에 제중원의학교에서 일정한 기간 머무르면서 강의를 하는 것을 전제로 연합의학교를 세울 것을 결의하였다. 세브란스가 명실 공히 각 선교부가 공동으로 운영하는 연합의학교로 출발한 시기는 1913년이었다. 남장로회, 남감리회, 감리회, 호주 장로회에서 인력을 파견하였고, 이를 계기로 세브란스병원의학교는 세브란스연합의학교라는 명칭을 사용하기 시작하였다.

1. 윤진국의 세브란스연합의학교 졸업장(1914)
2. 졸업 앨범(1917)
3. 의학교의 직인
4. 연합에 따라 세브란스로 파견된 선교사들(왼쪽 위부터 시계 바늘 방향으로 다니엘, 맥라렌, 오긍선, 밀즈, 반버스커크, 스코필드)
5. 학생 모집 광고(1916)
6. 1914년 사용된 세브란스의 공식 편지지. 각 교파가 후원한 교수진들의 명단이 들어 있다.

SEVERANCE UNION MEDICAL COLLEGE

A. I. Ludlow.

FILING DEPT.
AUG 3 1914

RECEIVED
MAY 20 1914
Dr. Brown.

Presbyterian Church in U. S. A. North.
O. R. Avison, Ph. G., M. D., C. M., President.
M. C. Kang, M. D., Associate,
Principles and Practice of Medicine.
Jesse W. Hirst, A. M., M. D.,
Gynecology and Electrotherapy.
A. I. Ludlow, A. B., M. D.,
M. U. Koh, M. B., Associate,
Surgery and Surgical Pathology.
Ralph G. Mills, A. B., M. D.,
Pathology and Bacteriology.
Australian Presbyterian Church.
Hugh Currell, B. S., M. B.,
Obstetrics and Medicine.
Chas. I. McLaren, M. D.,
Pediatrics and Neurology.

Methodist Episcopal Church.
J. D. Van Buskirk, M. D., Secretary,
Physiology and Practice of Medicine.
S. Y. Pak, M. D., Associate,
Organic and Physiological Chemistry.
Methodist Episcopal Church, South.
N. H. Bowman, M. D.,
S. H. Hong, M. D., Associate,
Diseases of Eye, Ear, Nose and Throat.
Presbyterian Church in U. S. A. South.
K. S. Oh, M. D.,
Anatomy and Histology.
Church of England.
Hugh H. Weir, M. A., M. B.,
Helminthology.

SEOUL, KOREA,   April 22,1914.   191

Rev. Arthur Brown D.D.
New York,
My Dear Dr. Brown,-
During the past few months you have no doubt received a large number of letters concerning the situation in Korea. It is my regret that it seems necessary to add still another yet

6

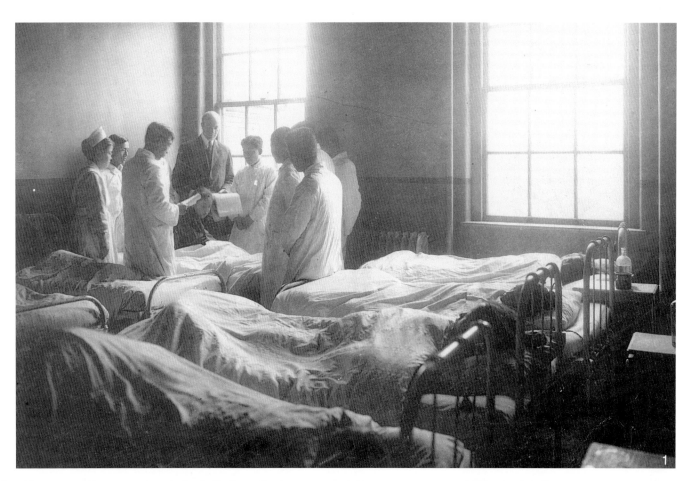

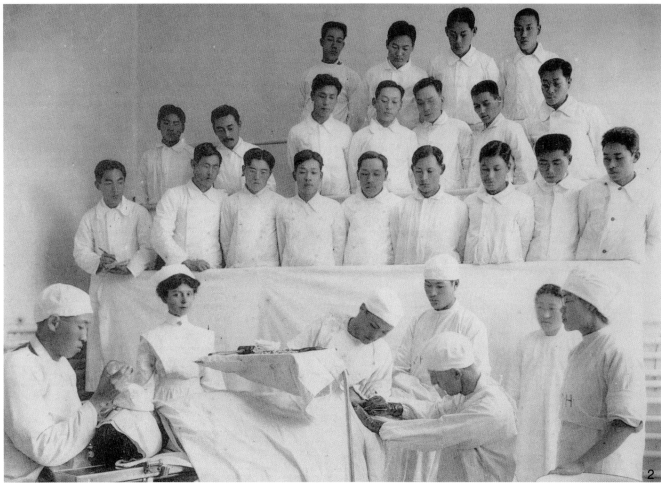

3

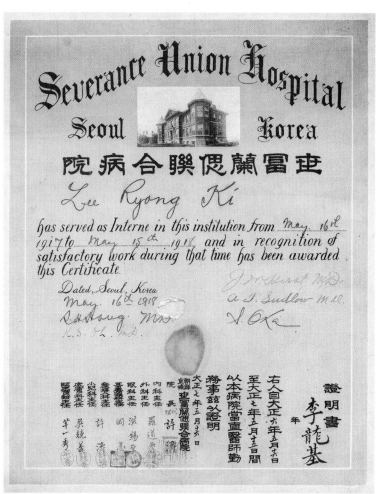

25 전문학교 이전의 진료

1908년 제1회 졸업생을 배출하고 난 후
진료가 크게 전문화되었다. 구체적으로 한국인에
대한 내과 및 외과 입원 진료, 외래진료, 특진 및 왕
진, 외국인에 대한 내과 및 외과 입원 진료, 특진 및
왕진으로 분화되었다. 1914년 한국에서 최초로 지
금의 전문의 과정에 해당하는 인턴제도가 실시되었
다. 졸업 후 1년 동안 본인이 원하는 과를 순회하면
서 충분한 임상 경험을 쌓도록 하기 위한 조치였다.

1. 내과 회진
2. 외과 수술
3. 인턴 일동(1917)
4. 학생출석표(1917)
5. 이용기의 인턴 수료증(1918)

5

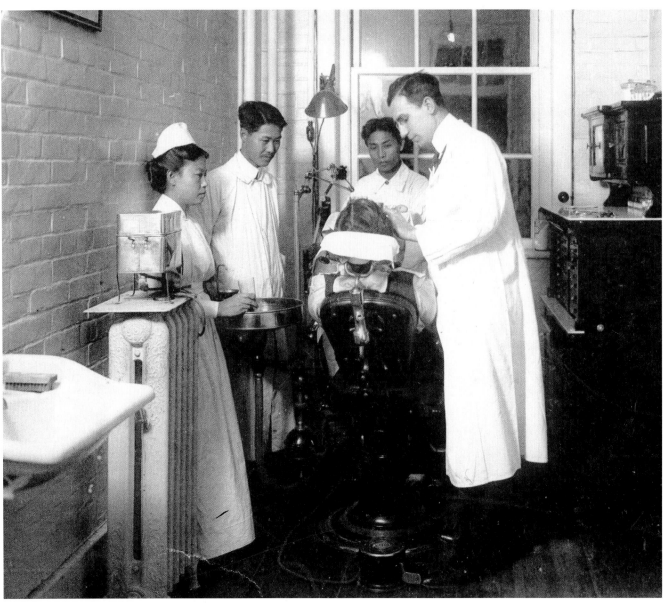

1

2

1915년 :
26 **세브란스 치과**

1915년 쉐플리가 내한하면서 설립된 세
브란스 치과는 한국 최초로 설치된 전문 치과학교
실이었다. 부츠와 맥안리스가 치과학교실의 책임을
맡으면서 현대식 치과건물과 장비를 확충하고 한국
인 치과의사의 수련을 통한 치의학교육과 연구, 한
국인의 구강보건증진을 위한 계몽활동을 전개하였
다.

1. 쉐플리의 진료
2. 쉐플리

LIBRARY
SEVERANCE UNION MEDICAL COLLEGE
世富蘭偲聯合醫學校圖書室

2

A SIMPLE METHOD OF WATER
PURIFICATION FOR ITINERATION
AND HOUSEHOLD USE.

ARTICLE No. 1.
RESEARCH DEPARTMENT
SEVERANCE UNION MEDICAL COLLEGE
SEOUL, KOREA
FEBRUARY, 1915

3

1914년 :
27 세브란스 연구부

1914년 한국인이 당면한 보건상 문제의 해결을 목표로 세브란스연합의학교 내에 연구부가 설립되었다. 부장은 병리학의 밀즈, 부원은 생리학의 반버스커크와 외과의 러들로로 구성되었다. 연구부에서는 주로 재래의학이나 한국인의 식생활에 관한 연구를 진행시켰으며, 총 2백여 편의 논문을 발표하였다.

1. 의학도서관
2. 도서관의 장서인
3. 세브란스 연구부의 이름으로 처음 발표된 논문 별책 (1915)
4. 세브란스 연구부를 적극 후원한 세브란스 일가

Mr. J. L. Severance   The late Mr. L. H. Severance   Mrs. F. F. Prentiss
Co-donors of the Severance Union Medical College
セブランス聯合醫學專門學校ノ寄附者

4

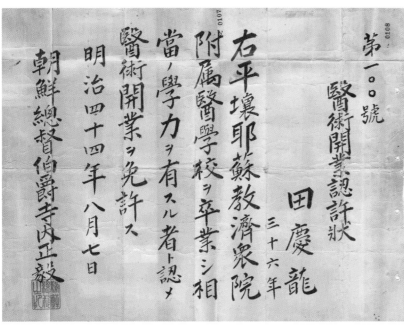

1

2

3

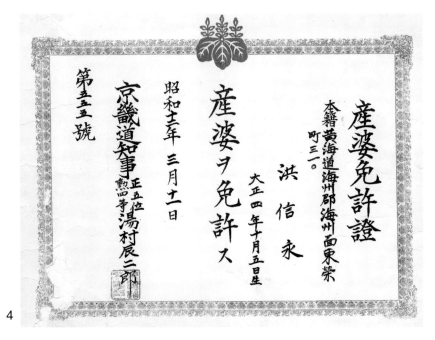

28 일제 하의 의사면허 제도

조선총독부는 1913년 의사규칙을 반포하였는데, 이 법률에 따르면 의사란 서양의학을 시술하는 의료인에게만 부여되었다. 의사규칙은 조선총독이 정한 의학교를 졸업한 자 혹은 조선총독이 정한 의사시험에 합격한 자에 대해서만 면허를 부여하도록 규정하였다. 이 규정에 따라 세브란스 졸업생들은 의사시험에 합격해야 면허를 부여 받을 수 있었다.

1. 한국에서 처음으로 부여된 의사면허인 의술개업인허장 100번(전경룡, 1911).
2. 의사면허에 의해 조선총독의 명의로 발행된 에비슨의 의사면허증(32번, 1914)
3. 이재영의 의사시험합격증(7호, 1915)
4. 홍신영의 산파면허증(555호, 1937)
5. 1934년 세브란스가 일본 문부성의 지정을 받은 후 졸업생이 무시험으로 받은 후생대신 명의의 일본 의사면허증(84739번, 1940)
6. 1922년 졸업생 백두현이 만주에서 활동하기 위해 받은 만주제국 의사면허증(2971번, 1937)

4

5

6

제3부

재단법인 설립과
의학전문학교 승격

‒ 세브란스의학전문학교 ‒

1910년 국권침탈 이후 일본은 사립학교를 통제하기 위해 조선교육령, 사립학교규칙, 전문학교규칙 등을 반포하였다. 이에 따라 세브란스도 재단을 구성하고 일본식의 교실을 창설하는 등 학교의 제도와 운영을 일본식 의학체계에 맞추어 나가기 시작하였다.

그 첫 번째 노력은 전문학교 승격을 위한 것이었다. 1915년 전문학교 규칙이 반포되면서 전문교육을 하는 사립학교의 경우 재단법인을 설립할 필요가 있었다. 이 규칙이 반포되자 세브란스연합의학교에서는 교수진을 강화하는 한편 각 교파의 대표자들로 구성된 재단이사회를 구성하여 재단법인 설립을 청원하였고, 1917년 5월 일제는 사립 세브란스연합의학전문학교를 인가하였다.

다음 목표는 총독부 지정을 받는 것이었다. 세브란스는 학칙을 현실에 맞게 개정하고 교과목을 개편하였으며, 교수, 건물, 시설 등에서 일제가 제시한 기준을 충족할 수 있도록 노력하였다. 그 결과 1923년 개정된 조선교육령에 의거하여 총독부 지정 학교가 되었다. 이후 학생들은 졸업 후 자동적으로 의사면허를 부여받게 되었다. 이 지정은 일본 제국 내에서 사립학교로서는 유일한 경우였다.

1930년대에 접어들면서 세브란스에서는 연구 활동이 활발히 진행되었다. 기초의학 연구를 위한 정책이 실시되었고, 타교 출신의 교수 임용이 활발히 이루어졌다. 세브란스 최초의 의학박사가 탄생하였고, 한국인 교수에게서 교육받은 최초의 의학박사도 세브란스에서 배출되었다. 종래 임상 위주의 학사 운영에서 나아가 기초 연구까지 활발히 이루어진 결과, 1934년에는 일본 문부성의 지정을 받게 되었다. 이 지정으로 세브란스의학전문학교 졸업생들은 자동적으로 일본 본국의 의사면허까지 부여받을 수 있게 되었다.

전문학교 승격과 함께 세브란스병원 간호부양성소는 세브란스연합의학전문학교 부속 간호부양성소로, 1924년 9월 2일 산파규칙 및 간호부규칙에 의한 지정이 되면서 세브란스의학전문학교 부속병원 산파간호부양성소로 명칭이 바뀌었다

한편 조선총독부의원 부속의학강습소는 경성의학전문학교로 명칭을 바꾸었고, 일본인 학생들이 입학하기 시작하였다. 한국에서 일본인 의사들을 육성하여 부족한 의사공급 문제를 해결하고자 한 일제의 의도였다. 일제는 1924년 경성제국대학을 설립하였고, 1926년 의학부의 교육이 시작되었다. 이로써 그 동안 진료 위주의 교육 기조가 진료와 연구가 병행되는 방향으로 바뀌었으나, 일본인은 교수하고 한국인은 배운다는 식민지적 구조는 변화하지 않았다.

주요한 지방도시에도 의학교육기관이 설립되었다. 평양과 대구에서는 일본이 세운 자혜의원을 기반으로 의학교육기관이 설립되어 1933년 각각 평양의학전문학교와 대구의학전문학교로 발전하였다. 1928년에는 경성여자의학강습소가 설립되어 여성의료인 양성의 모태가 되었고, 1938년 전문학교로 성장하였다. 이들 의학교들은 여성 의료인력 뿐 아니라 각 지방에서 활동할 의료 인력을 배출하는데 큰 역할을 하였다.

3-1 세브란스의학전문학교

3-2 경성의학전문학교

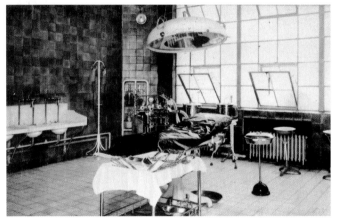

3-3 경성제국대학의학부 부속의원의 수술실

3-4 평양의학전문학교의 승격기념 엽서

3-5 한국인의 힘으로 최초로 배출된
의학박사 이영춘

3-6 대구의학전문학교

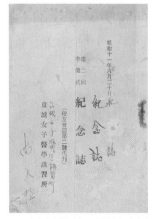

3-7 경성여자의학강습소의 졸업식 기념지
(1936)

3-8 경성여자의전병원의 안내 팜플렛

1

유전　　오까　　오지마　　반버스커크　에비슨　　이익채　　박서양　　신필호
오지마　　강문집　오지마　가노　러들로　오긍선　쉐플리　홍석후　다니엘　밀즈

朝鮮總督府告示第百二十三號

大正六年五月十四日京畿道京城府私立セブランス聯合醫學專門學校財團法人ノ設立ヲ許可ス

大正六年五月十六日

朝鮮總督　伯爵長谷川好道

2

朝鮮總督府告示第三十四號

醫師規則第一條第一項第二號ニ依リ左ノ醫學校ヲ指定ス但シ本指定ハ大正十二年以後ノ本科卒業者ニ對シ效力ヲ有ス

大正十二年二月二十四日

私立セブランス聯合醫學專門學校

朝鮮總督　男爵齋藤實

3

The President and Faculty of
Severance Union Medical College
desire the pleasure of your company
at a reception to commemorate the
recognition of the Medical College
at the Keijo Hotel
Monday, March 12, 1923
at 4 o'clock.

R. S. V. P.

4

5

6

1917년 :
29 **세브란스의학전문학교**

조선총독부는 1915년 사립학교 규칙을 개정함과 아울러 전문학교규칙을 발표하여 사립학교에 대한 감독과 관리를 강화하였다. 이 규칙에 따라 세브란스는 재단을 구성했고, 일본어 교재 사용과 강의 시 일본어 사용이 의무화되었다. 그리고 교원들은 일본 학위가 요구되었으며, 일본식 교실체제를 갖추게 되었다.

1. 전문학교 승격 당시의 교직원 (1917)
2. 세브란스전문학교 재단법인 허가 관련 관보 (1917)
3. 총독부 지정 관련 관보 (1923)
4. 총독부 지정 축하 연회 초청장 (1923)
5. 미국에서 연수를 받은 교수들 (1927)
5. 세브란스의 일본 문부성 지정 관련 기사 (1934)

1

VIEW OF THE BEAUTIFUL NANDAIMON STREET, KEIJO.
（門外）通門大南きし美み並街 （京城）

C

2

30 세브란스의 주위 거리

처음 세브란스가 자리 잡은 곳은 남대문 바깥이었으나 도시가 커지면서 학교 주변이 점차 번화가가 되어갔다. 학교 앞에 서울역이 생겼고, 전차도 다녔다.

1. 학교에서 바라 본 서울역
2. 서울역 쪽에서 바라 본 세브란스
3. 영천교 쪽에서 바라 본 서울역. 길 건너 왼쪽에 세브란스가 보인다.
4. 학교에서 바라 본 남산의 신사
5. 학교 정문

1

2

31 세브란스의 전경

1. 1910년대
2. 1920년대
3. 1930년대

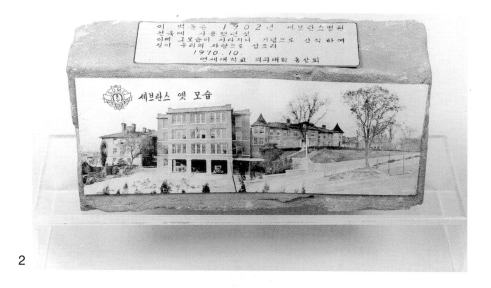

2

3

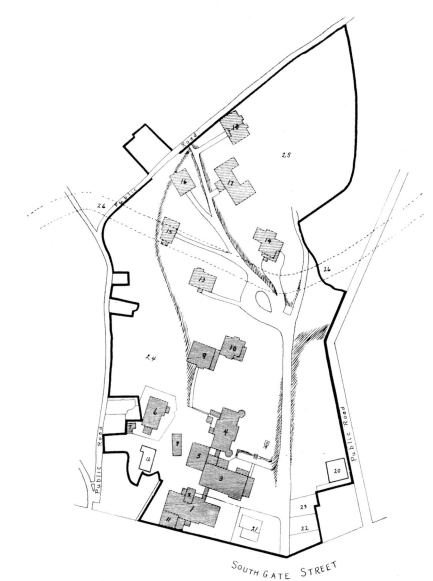

Severance Union Medical College Compound

1. College and Clinic Building. 2. Heating Plant. 3. New Wing of Hospital. 4. Severance Hospital. 5. Laundry Building. 6. Isolation Hospital. 7. Morgue 8. Clinical Laboratories. 9. Nurses Dormitory. 10. Missionary Nurses Home. 11. Drug Store. 13, 14, 15, 16, 17, 18. Missionary Homes. 19. Statue of Pres. O. R. Avison. 21, 22, 23, 24. Temporary Buildings. 20. Church. 25. Vacant Land for Homes.

32 세브란스의 모형

서울역 앞 세브란스 건물은 1970년 모두 헐렸다. 왼쪽의 모형은 가장 번성했던 1940년대 말의 옛 세브란스 모습을 간직하고 기념하기 위해 제작된 것이다.

1. 세브란스의 모형
2. 세브란스 건물에 사용되었던 벽돌
3. 세브란스의 배치도(1920년대 말)

1

2

校歌

3

4

33 세브란스의 교기, 교가, 모자 및 뱃지

세브란스는 1917년 전문학교로 승격되면서 교복과 교모를 제정했다. 이 때 교가의 제정도 제의되었으나 결정을 보지 못하고 있다가 현상공모를 통해 1929년 6월 28일 당시 재학생이던 이인선의 가사를 채택하고 여기에 구노의 곡을 붙여 교가로 정하였다.

1. 교기
2. 교복, 모자 및 뱃지
3. 교가
4. 전문학교 시기의 각종 학교 직인

1

2

3

Severance Union Medical College and Hospital.
セブランス聯合醫學專門學校全景

4

34 구내 건물의 확장 및 에비슨 동상 건립

학교와 병원의 운영이 자리를 잡아감에 따라 새로운 건물이 들어서게 되었다. 병상 부족 문제를 해결하기 위해 1928년에 신병실이 건축되었다. 한편 오늘의 세브란스를 있게 한 에비슨을 기념하기 위해 세브란스 동창들은 1923년 동상 건립 기성회를 조직하고 기금을 모집했다. 동상은 1928년에 완성되어 많은 내빈들이 참석한 가운데 동상 제막식을 가졌다.

1. 건축 중인 신병실
2. 신병실 봉헌식(1928)
3. 신병실
4. 에비슨 동상
5. 동상 제막식(1928)
6. 동상 제막을 끝낸 동창생 일동(1928)

5

6

ISOLATION BUILDING GIFT OF SEOUL CITIZENS.　　7

8

9

10

盛運에싸인母校의一部
新築校舍의設計圖

三階動物室動物手術、室暗室等을略함

解剖實習室
屍體注入室
베엘래
三階動物室動物手術、

物置室
講議室
標本室
助教授室
授教室
實驗室
二階解剖學教室

顯微鏡
顯微鏡室
實習室
便所
宿直
支關
標本室
標本製作室
實驗室
教授室
助教授室
天秤室
細菌室
屍體貯藏크
一階病理學教室

新築中의解剖學教室及病理學教室
——(1)——

11

경성부민들의 기부로 전염병 환자들을 따로 치료하기 위한 전염병실이 마련되었고, 동창 등 여러 사람들의 정성어린 기부로 부족한 기초의학교실 공간을 확보하기 위해 기초의학교실 건물이 따로 세워졌다.

7. 전염병실의 설계도면
8. 완성된 전염병실
9. 검사실
10. 러들로육교
11. 기초의학교실의 기증식 초청장(1935)
12. 기초의학교실의 도면 및 건축
13. 완공된 기초의학교실(1935)

12

13

14

15

XMAS AND
NEW YEAR
GREETINGS
1932-1933

GOOD HEALTH

健 十 保

海州救世療養院

16

17

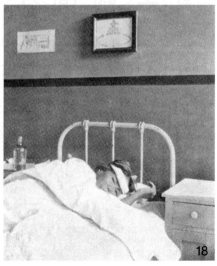

18

19

당시 치명적인 질병으로 만연해 있던 결
핵환자 치료를 위해 결핵병사가 1920년에 만들어
졌으며, 맥라렌의 오랜 숙원이었던 정신병 치료를
위한 별도의 병동이 후원자들의 도움으로 마침내
세워졌다.

14. 결핵병사
15. 재학생 및 졸업생의 부고(1926)
16. 부검실
17. 정신병동
18. 기념병실(1929)
바탕 : 한국 최초의 크리스마스 실
19. 도서관
20. 각종 장서인

20

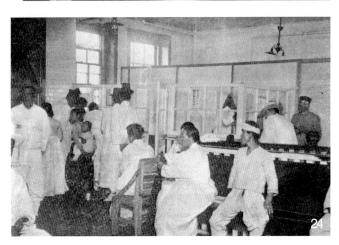

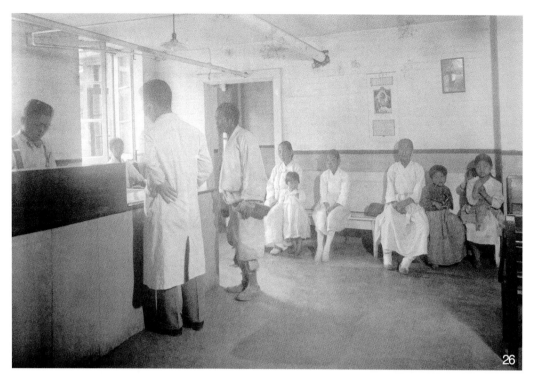

병원의 이모저모

일제시기 세브란스에서는 무료 환자가 절반을 넘을 정도로 가난하고 병든 이들을 위한 진료를 펼쳤다.

21. 외래 진찰소
22. 외래 복도
23. 외래 수납
24. 외래 대기실
25. 병원 식당
26. 시료실
27. 병동 사무실
28. 교환실
29. 조제실

30

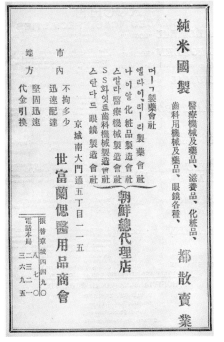

純米國製

醫療機械及藥品、滋養品、化粧品、
齒科用機械及藥品、眼鏡各種、都散賣業

市
内
{ 不拘多少
迅速配達

地
方
{ 堅固迅速
代金引換

머ー구製藥會社
엘라이,리리製藥會社
나이알化粧品製造會社
스칼라醫療機械製造會社
SS화잇트齒科機械製造會社
스탄다드眼鏡製造會社

京城南大門通五丁目一一五
世富蘭偲醫用品商會

朝鮮總代理店

振替京城四四九〇
電話本局
三二三七九二
五一〇一〇

31

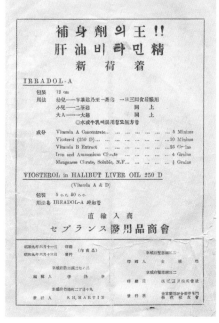

補身劑의王!!
肝油비타민精
新荷着

IRRADOL-A

包裝　12 ozs

用法　幼兒──半茶匙乃至一茶匙　　一日三四回食後服用
　　　小兒──二茶匙　　　　　　　同　上
　　　大人──一大匙　　　　　　　同　上
　　　◎水或牛乳에섞어用함도無妨함

成分　Vitamin A Concentrate... ... ...5 Minims
　　　Viosterol (250 D) ... ...10 Minims
　　　Vitamin B Extract ... ...25 Grins
　　　Iron and Ammonium Citrate ... ...4 Grains
　　　Manganese Citrate, Soluble, N.F.... ... ...2 Grains

VIOSTEROL in HALIBUT LIVER OIL 250 D
(Vitamin A & D)

包裝　5 c.c, 30 c.c
用法는 IRRADOL-A 와같음

直輸入商
세브란스醫用品商會

32

33

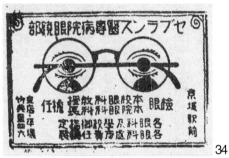

34

35

부속 기관

세브란스에서는 병원에서 필요로 하는 의
료용품을 자체적으로 조달하기 위해 별도의 조직을
만들었다. 세브란스의용품상회와 안경부가 그것이
다. 당시 안경부는 조선에서 유일하게 안경을 가공
하는 곳이었다.

30. 세브란스의용품상회
31. 세브란스의용품상회의 약품 광고(1926)
32. 세브란스의용품상회의 약품 광고(1934)
33. 안경부
34. 세브란스 안경 광고(1933)
35. 세브란스 약국

1

CHAPEL TALKS

By
Alfred Irving Ludlow, M.D.
Severance Union Medical College
Seoul, Korea.

KOREAN TRANSLATION
By
Y. S. Lee, M. D.

— 4 —

小 說 敎 集

醫學博士 알뚜래드·얼빙·러들로 著
쎄브란쓰聯合醫學專門學校敎授

朝 鮮·京 城

醫學博士 李 容 高 譯
쎄브란쓰聯合醫學專門學校敎授

— 5 —

2

박서양

다나카

무라야마

사토

류전

3

4
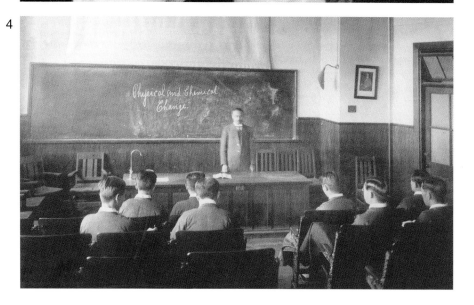

35 교 실 및 교 수 진

　　세브란스는 기독교 기관이었던 만큼 기독교 정신의 함양을 중요시했다. 매일 아침 수업시작 전에 열렸던 채플에는 교직원을 비롯한 모든 학생들이 참석하였다. 그리고 지금의 예과에 해당하는 과정을 가르치기 위해 별도의 교수와 강사가 배치되었다.

1. 채플
2. 러들러의 Chapel Talks(1937)
3. 화학(박서양)
4. 물리(류전)

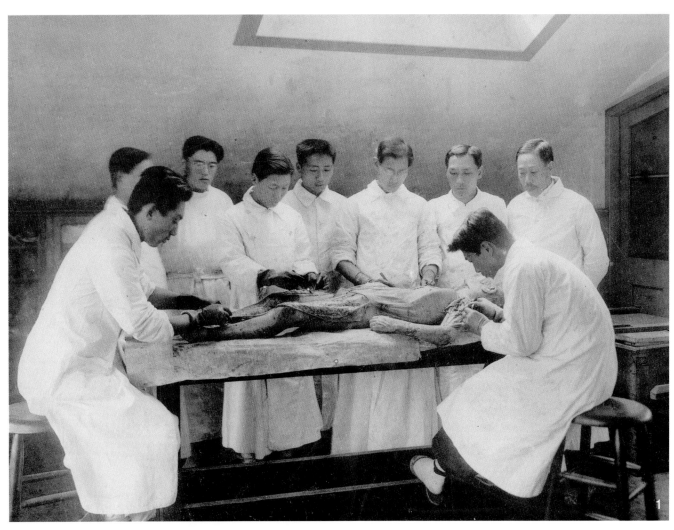

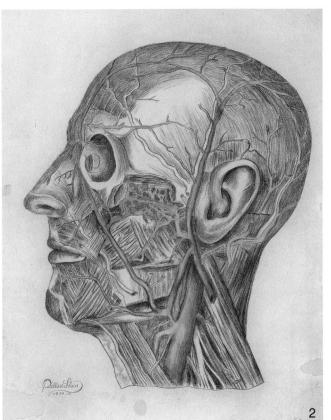

消 息 欄

全身을 朝鮮靑年에게

死後全身을 朝鮮靑年界를 爲하야 寄附한 特殊한 事實이 有하다。慶南出生의 吳健浩君은 農村靑年으로 多年間社會運動前線에서 奮鬪하다가 數年間을 鐵窓生活을 하다가 因하야 得病하야 近一年間이나 本病院에 入院治療中이엇스나 藥效不及하야 九月十二日午前에二十三歲를 一期로삼고此世를 離別하얏다。君은 一日 一刻으로 接近하난 最後를 冷然히 瞞觀하면서 死亡前日에 左記의 遺書一張을 남기고 忽然히 黃泉之客이 되엿다。

謹啓 慈悲하신 貴院이 우리 無産大衆을 爲하야 만흔 事業을 하야주시니 結草報恩인들 何而滿足하오리가 萬若後世가 잇고 人之靈이 잇다면、吳根浩의 魂魄일지라도 貴院에 將來를 爲하야 만흔 壽福을 祝伏하겟음

네다。

　　　不偏白

　　　　吳根浩

再伸　小生의 屍體난 全部解剖하야 附屬學校學生諸位 前에 實地見學하도록 最後의 死線을 타면서 絕對附托 하옵나이다

　　◇

白根學(二一)　　宋榮瑞(二八)
李尙奎(二二)　　金讚斗(二三)
鄭東燮(二三)　　金永淳(二九)
金龍錫(二九)　　盧鍾甲(二二)
高義八(二〇)　　康泰淳(二九)
　　右記諸氏에서 母校
來訪하시고 其間의 久潤을 談笑하얏다。 其間 全南康津에게서 시다가 濟州 島人士의 招待에 依하야 그곳에 가서 開業하신다더라

맨스필드

최명학

정일천

4

5

6

해 부 학 교 실

해부학은 제중원의학교에서 에비슨에 의
해 진행되다가 후에 허스트, 김필순, 오긍선 등이
강의를 담당하였다. 1895년 말에는 에비슨에 의해
그레이 해부학 교과서의 번역이 진행되어 2번에 걸
쳐 번역된 바 있으며, 1906년 김필순에 의해 우리
나라에서 처음으로 해부학교과서가 번역 출판되었
다. 1926년 졸업생 최명학은 1932년 조선인 최초
로 해부학 박사를 받았다.

1. 해부학 실습(오긍선)
2. 학생 실습에 사용된 궤도(1939)
3. 한국 최초의 시신 기증(1929)
4. 해부학 강의(최명학)
5. 조직학 강의(최명학)
6. 최동의 조직학 실습 노트(1917)

1

2

반버스커크

이석신

김명선

3

4

생리학 및 의화학교실

처음에 한 교실이었던 생리학 및 의화학
교실은 반버스커크 교수가 맡았고, 안사영 조수와
생물학 강사 나원정도 참여하였다. 이석신이 부임
하면서 생리학교실과 의화학교실로 나누어졌다. 생
리학교실은 반버스커크에 이어 김명선이 책임을 맡
았다.

1. 생리학 강의(반버스커크)
2. 의화학 강의(이석신)
3. 의화학 실습
4. 김명선의 의화학 실습 노트(1922)
5. 생리학 실습

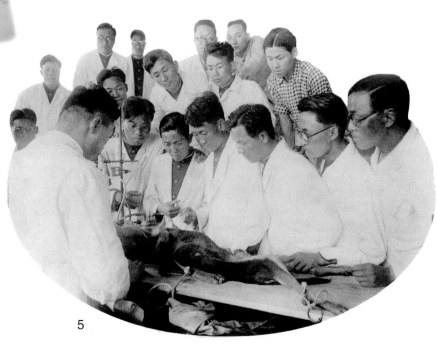
5

1

2

스코필드

김창세

아마가시

최영태

3

세 균 학 및 위 생 학 교 실

세균학 및 위생학교실은 처음에 스코필드 교수가 맡았는데 교수의 충원 상태에 따라 두 교실로 나뉘어져 있기도 했다. 위생학의 경우 조선인 최초의 보건학 박사인 김창세가 몇 년 동안 책임을 맡았다.

1. 세균학 강의
2. 위생학 강의(디비 에비슨)
3. 세균학 실습
4. 말을 이용한 면역 실습
5. 양과 소를 이용한 면역 실습

4

5

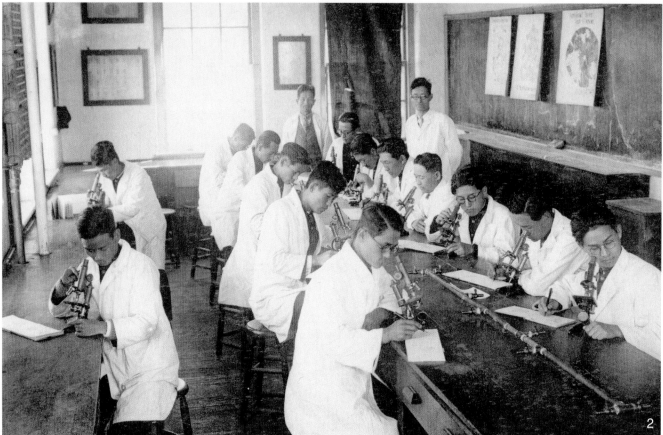

밀즈   최동   윤일선

3

4

병 리 학 교 실

　　병리학은 처음에 밀즈 교수가 맡았다. 이후 윤일선이 부임하여 학교의 연구에 큰 활력을 불어 넣었다. 특히 이영춘을 우리나라 최초로 국내에서 시행한 연구로 박사학위를 취득케 하는 등 윤일선은 우리 학교의 연구력 배양에 큰 역할을 하였다. 한편 법의학 및 임상병리학 분야는 최동이 담당하였다.

1. 병리학 강의(밀즈)
2. 병리학 실습(윤일선)
3. 법의학 강의(최동)
4. 법의학 실습(러들로)

제3부 재단법인 설립과 의학전문학교 승격

쿡

이관영

이세규

3

4

약리학 및 기생충학

에비슨이 원래 약리학을 강의했지만 전문
학교 승격 후 쿡이 강의를 담당했다. 쿡이 사임하자
잠시 일본인 강사가 강의를 담당하다가 이세규가
부임하여 책임을 맡았다. 기생충학은 최동이 맡았
다.

1. 약리학 강의(에비슨)
2. 약물학 실습
3. 조제학 실습
4. 기생충학 실습(최동)

1

2

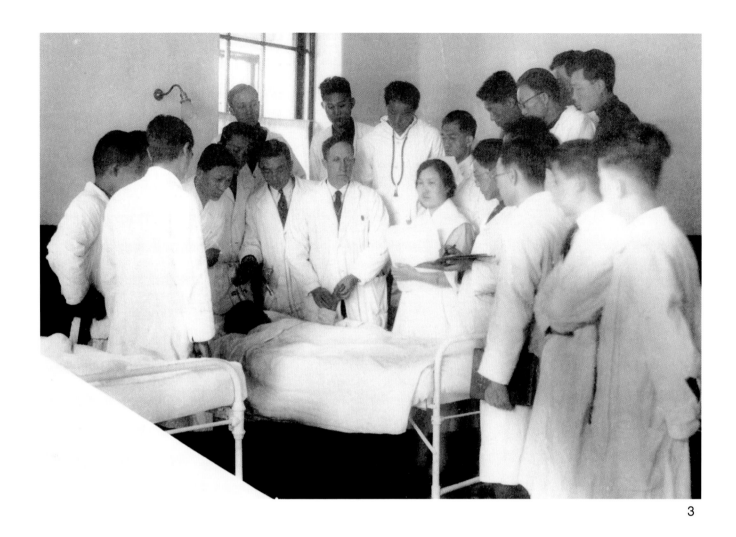

3

4

내 과 학 교 실

　　전문학교 승격 당시 내과에는 다니엘, 심호섭이 교수로 있었다. 이후 스타이스, 케이트, 마틴, 오한영 등이 활동했다. 내과학교실에서는 진단학도 함께 가르쳤다.

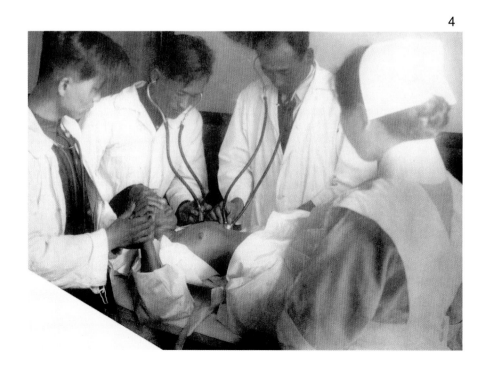

1. 내과 강의(다니엘)
2. 증례 강의(심호섭)
3. 내과 회진
4. 외래에서의 임상 실습

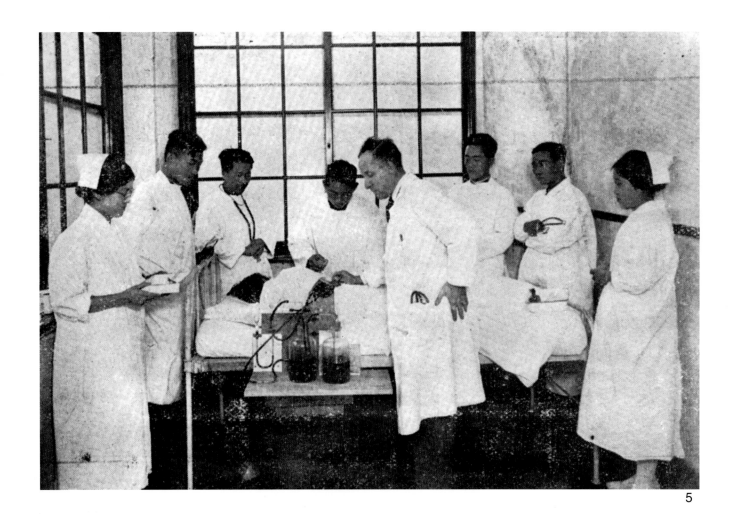

5

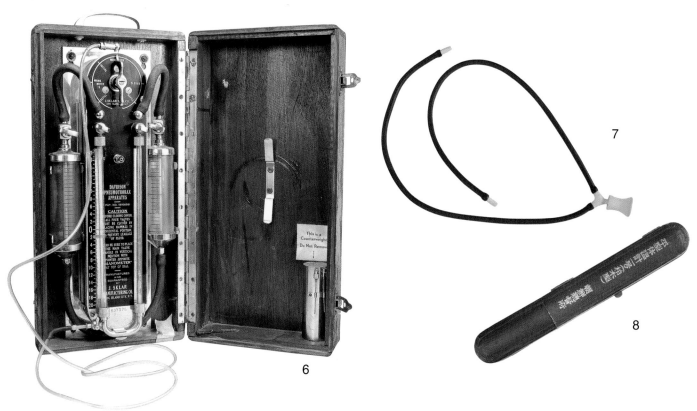

6

7

8

다니엘

마틴

심호섭

오한영

파운드

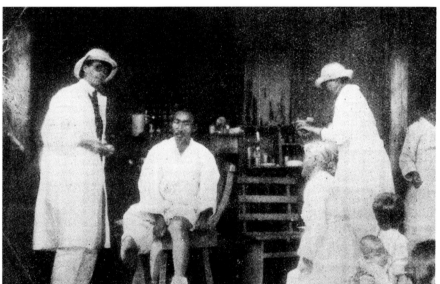
9

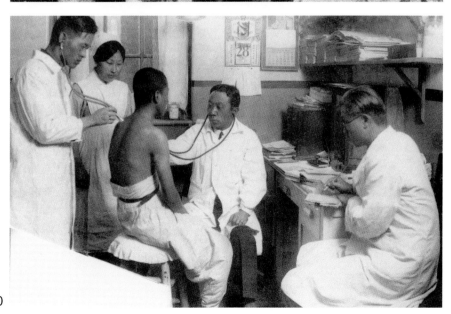
10

5. 내과 진료(마틴)
6. 결핵 치료에 사용되었던 기흉기
7. 상아청진기
8. 체온계
9. 내과 진료(파운드)
10. 내과 외래(심호섭)

1

2

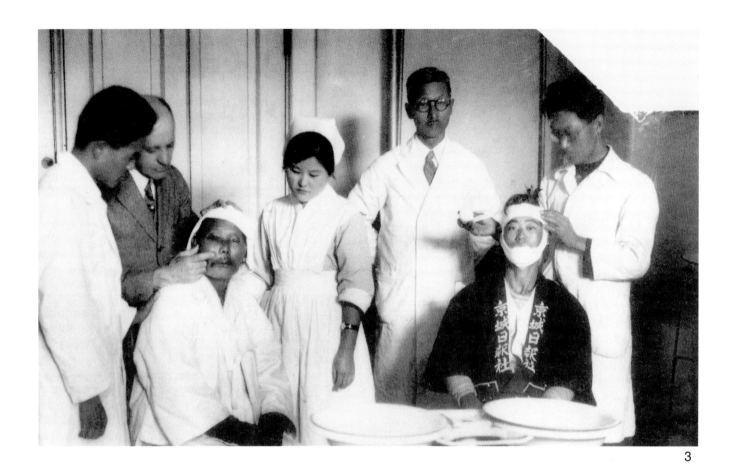

3

4

외 과 학 교 실

세브란스의 외과는 제중원의 설립과 밀접한 관계가 있다. 재래의학과 대별되는 외과술에 의해 민영익이 치료되었는데, 이것이 이 땅에 서양의학이 본격적으로 도입되는 계기가 마련되었다. 제1회 졸업생 중 김필순과 박서양이 외과를 전공하였다. 김필순은 특히 1910년 10월 우리말로 된 최초의 외과학 교과서인 '외과총론'을 펴내기도 하였다. 1917년 의학전문학교로 승격되었을 때 외과학교실은 러들로 교수, 박서양 조교수 및 강문집 강사가 맡았다.

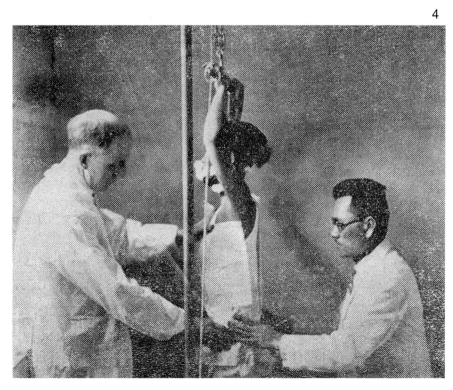

1. 외과 강의(러들로와 고명우)
2. 증례 강의
3. 외래 처치실
4. 정형외과 환자(러들로와 이용설)

5

7

6

러들로   고명우   이용설

The
Ⅽhina Ⅿedical Ⅰournal.

VOL. XL.   DECEMBER, 1926.   No. 12

AMEBIC LIVER ABSCESS.*

A. I. LUDLOW, M.D., F.A.C.S., Seoul, Chosen (Korea).

The subject of Amebic Liver Abscess has been considered by the writer in four articles: Abscess of the Liver (1); Supplementary Report (2); Liver Abscess, Report of One Hundred Operations (3); and Treatment of Abscess of the Liver by Aspiration and Subcutaneous Injections of Emetine, Report of Ten Cases (4).

The object of the present paper is to present 60 additional cases (including the 10 mentioned in Article No. 4) and to enlarge upon the previous reports. For ease of comparison with the former articles the same order of discussion will be followed.

DISTRIBUTION AS TO TIME.

Year.						Cases.
1912	..	..	..	..	..	5
1913	..	..	..	..	..	4
1914	..	..	..	.:	..	6
1915	..	..	..	..	..	12
1916	..	..	..	..	..	14
1917	..	..	..	..	..	4
1918	..	..	..	..	..	2
1919	..	..	..	..	..	19
1920	..	..	..	..	..	9
1921	..	..	..	..	..	18
1922	..	..	..	..	..	16
1923	..	..	..	..	..	10
1924	..	..	..	..	..	21
1925	..	..	..	..	..	15
1926 To June 1, 1926	..	..	..	..	5
Total	..	..	..	..	160

Up to June 1, 1922, there were 100 cases.

* Thesis presented for the degree of A.M., Western Reserve University School of Medicine, June, 1926.
Read at the China Medical Association Conference, Peking, September, 1926.
Article No. 40. Research Department, Severance Union Medical College.

8   9

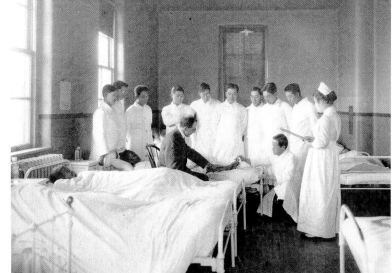

10

5. 외과 수술
6. 수술 도구
7. 피터스 선교사가 휠드 여사를 기념하기 위해 지은
   대수술실
8. 간농양에 관한 러들로 논문(1926)
9. 러들로와 제자 고명우, 이용설(1927)
10. 외과 회진

제3부 재단법인 설립과 의학전문학교 승격

허스트

신필호

윤치왕

3

4

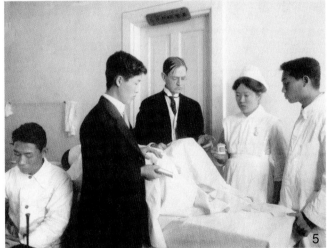
5

산 부 인 과 학 교 실

산부인과는 허스트 교수와 신필호 강사가
맡았다. 이후 윤치왕, 김재홍, 설경성 등이 활동했
다.

1. 산부인과 강의(허스트)
2. 산부인과 수술
3. 산부인과 외래
4. 모형을 이용한 실습
5. 산부인과 회진(허스트와 신필호)
6. 분만실

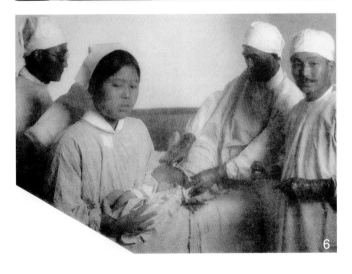
6

1

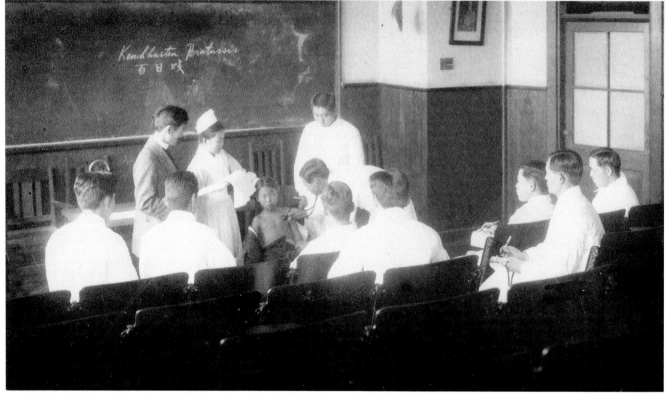

2

더글러스 에비슨   구영숙

3

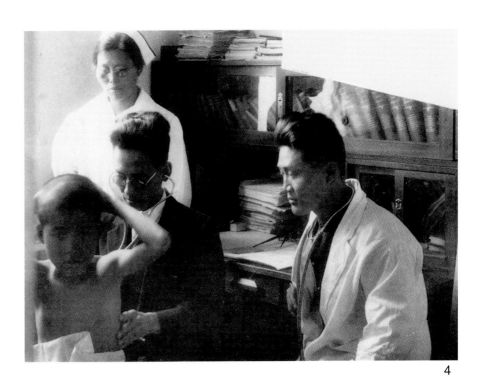

4

5

소아과학교실

전문학교 승격 당시 맥라렌이 소아과 및 정형외과학교실을 맡았지만, 1923년 3월 디비 에비슨에 의해 소아과학교실이 독립되었고, 구영숙, 조동수 등이 활동했다.

1. 소아과 강의(구영숙)
2. 증례 강의
3. 조동수 흉상
4. 소아과 외래
5. 신생아실

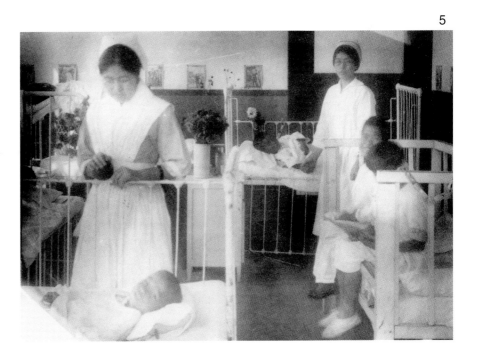

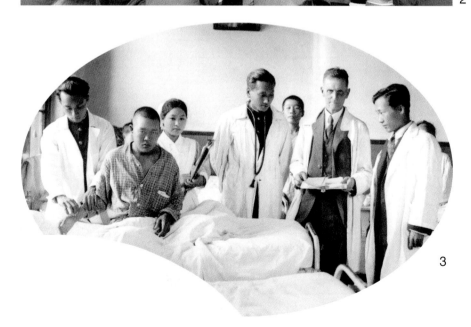

맥라렌

이중철

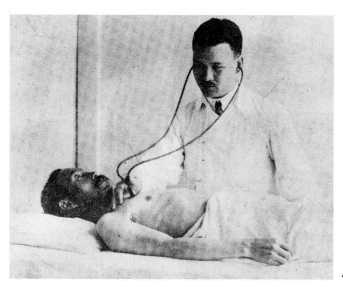

4

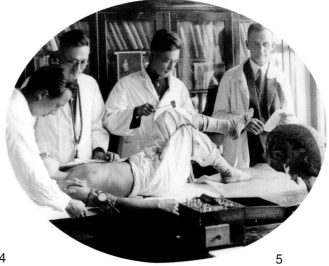

5

신경과학 및 정신과학교실

신경과와 정신과는 맥라렌 교수가 책임을 맡았으며, 이후 이수원, 이중철, 김린수 등이 활동했다.

1. 신경과와 정신과 강의(맥라렌)
2. 증례 강의
3. 회진
4. 신경과 진료(이수원)
5. 신경과 외래(맥라렌)
6. 1930~1년도의 과 보고서
7. 이중철의 이력서(1935)

1058   *The China Medical Journal*

NEURO-PSYCHIATRY

Report of the Department of Neurology and Psychiatry of the Severance Union Medical College, Seoul, Korea

CHAS. I. McLAREN, M.D. (Melb.)

The report which, after cutting out matters of purely local interest, we publish here by permission of the Author, was recently received. It seemed to us one of very exceptional interest which would be valued by all our readers, especially in view of the fact that little of this type of material ever appears in the Journal—Editor, C. M. J.

A hopeful and courageous realist once wrote "There is an open door and there are many adversaries." Opportunities and difficulties characterise our work.

Our work is still hindered by the absence of a special ward for psychiatry cases. The non-violent can with propriety be treated in the general wards of the hospital. A few violent cases have been treated in a special room in the Isolation Building but such an arrangement is obviously highly unsuitable. A gift of sixteen hundred yen and another of a thousand make it possible for us to plan for a tiny psychiatry building. Another gift of four hundred yen provides something for the beginning of maintenance. We are especially grateful for these and other gifts forthcoming in these times of monetary stringency.

It is of interest to review the striking similiarities and the striking differences which present themselves in the conduct of a neuro-psychiatry department in Korea in comparison with the conditions that obtain in the West. As to the similarities, they are many and striking and bear testimony to the essential biological unity of East and West. For instance, I have seen replicas in Korea of almost all the degenerative nervous diseases described in the West, as for example Progressive Muscular Atrophy, Pseudo Hypertrophic Muscular Dystrophy, Syringomyelia, Freidreich's Ataxia, Combined Sclerosis; even I have seen a case of the Landry Dejerine (Facio-Scapulo-Humeral) type of Dystrophy.

Equally striking are the differences. Beri-beri, not seen in the West, and which used to be absent from Korea, has appeared among Koreans with the recent machine methods of preparing rice. Rheumatic fever I have never seen in Korea and, as might

6

一、昭和三年三月 京城帝國大學醫學部講習科ヲ修了
一、昭和三年三月由 京畿道江華郡ニテ醫術ヲ開業ス
一、昭和四年三月 右ヲ廢ス
一、昭和四年四月 セブランス聯合醫學專門學校神經科教
一、昭和六年十月 中華民國北平協和醫科大學ニ給費派遣
　　　　　　　　 ラレ六ヶ月間研究ニ從事ス
一、昭和八年六月 京城帝國大學醫學部附屬醫院神經科ヲ
　　　　　　　　 室助手ニ任ゼラレ二十六ヶ月間研究ニ從事ス
一、昭和七年四月 精神科教室ニ給費派遣セラレ
一、昭和五年八月 校費留學生シテ九州帝國大學醫學部ニ從事ス
一、　　月　日 セブランス聯合醫學專門學校講師ニ任ゼル

右之通相違無之候也

昭和十年七月十七日

右

李重澈 ㊞

7

1

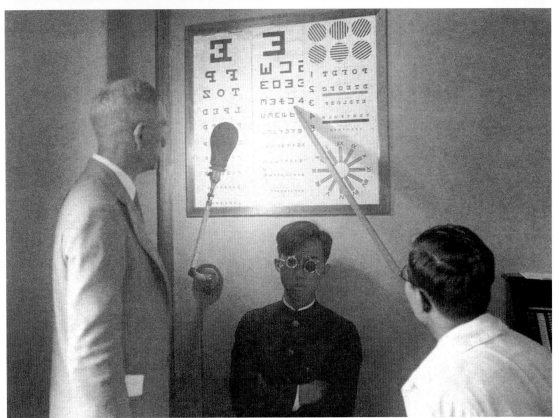

2

홍석후　　　　　앤더슨　　　　　김준호

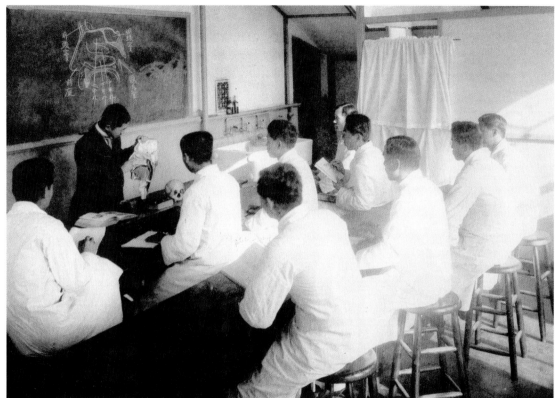

3

4

안이비인후과학 교실

　　초기에 홍석후가 맡았다. 이 두 과는 사정
에 따라 합쳐지기도 했다. 안과에는 바우만, 노튼,
최재유 등이, 이비인후과에는 오카, 홍석후, 강해
룡, 김준호, 이호림, 이병현 등이 활동했다.

1. 안과 강의(홍석후)
2. 안과 실습(앤더슨)
3. 이비인후과 강의(오카)
4. 미국 연수 중인 홍석후

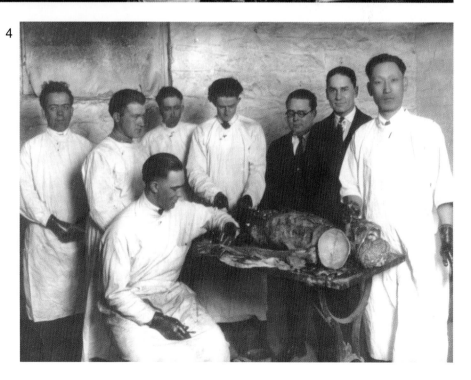

오긍선

이영준

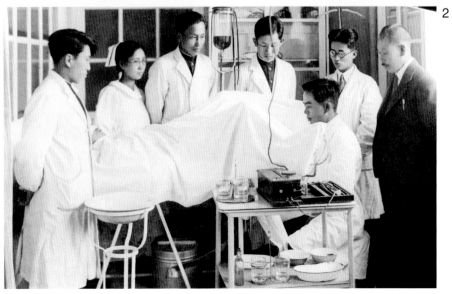

2

1

피 부 비 뇨 기 과 학 교 실

피부비뇨기과는 오긍선 교수가 맡았으며,
오긍선 이후에는 이영준이 담당했다.

1. 피부과 외래(오긍선)
2. 비뇨기과 진료(이영준)

강문집

정일사

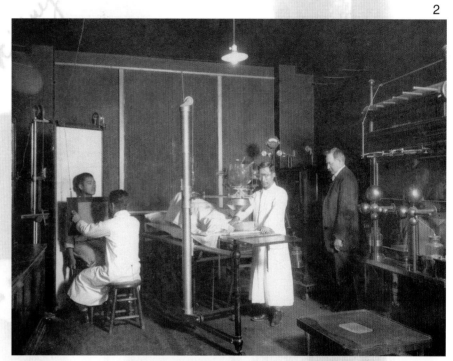
2

1

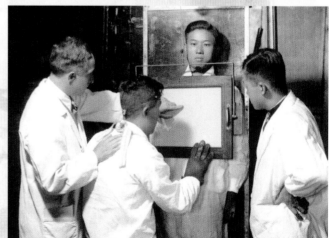
3

방사선과학교실

방사선과는 강문집, 정일사, 이부현 등이 맡았다.

1. 방사선 기계
2. 방사선 촬영
3. 촬영 실습
바탕 : 방사선 사진(1930)

1

on Monday or Thursday. Send at least 10 c.c.

... for syphilis is not recommended where
... can be done.

... smear in ..... simple and
... centacication and drying

... of dried blood .. .. a slide to ..
... that the blood will be so ..... as ..
... the ..... tack a ..... or blood
... may be sent in a small ...

2

For Bacteriological Tests: please state exactly what you wish done.

Laboratory Charges

Urine a.	Routine – reaction. Specifie gravity. albumin. sugar and microscopic	...¥	.50
b.	Any quantitative	...	2.00
Feces	Rontine...	...	1.00
	Stained preparations	...	2.00
Blood	white cell count	...	.50
	Red cell count	...	.50
	Differential connt...	...	2.00
	Malaria...	...	2.00
	Widal (Typhoid)	...	1.00

1

2

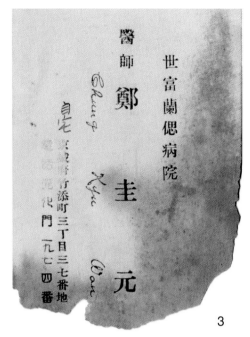

3

計算書

室　　　　　　殿

昭和　　年　　　月　　日 부러		
名　　稱	金　額	前納金殘高
前期繰越		
入 院 料 等		
注 射 料　回		
手 術 料　回		
X 光 線 料　回		
其　　　他		
合　　計		

上記金額을　　月　日까지入院事務室會計係에納
入하심을務望함
セブランス聯合醫學專門學校
附屬病院會計課

4

AUTOPSY RECORD
Severance Union Medical College
and Hospital

5

검사실과 약제실

검사실은 임상지원부서로서 각종 검사를
수행했다. 약제실에서는 다양한 제약기구들을 보유
하고 있었다. 여기서 생산된 물품들은 여러 선교병
원에 도매가로 팔렸고, 선교사들과 단골 가게에는
소매가격으로 판매하였다.

1. 검사실
2. 약제실
바탕 : 1920년대 검사실 요금

1. 외래 입구
2. 시료실 입구
3. 일제시기의 의사 명함
4. 계산서
5. 부검 챠트
6. 세브란스의학전문학교의 봉투

6

京城府
セブランス聯合醫學專門學校

昭和　年　月　日

電話本局四七四〇番

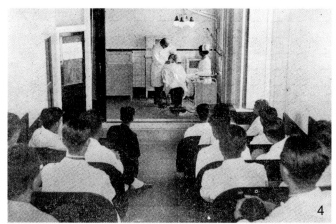

부츠

정보라

이유경

5

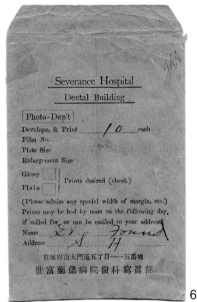
6

치 과

전문학교 승격 당시 치과는 쉐플리가 맡았다. 당시 세브란스 치과는 당시 조선 최고의 시설을 자랑했다. 1925년 이후 부츠가 근무했는데 그는 모금활동을 통해 별도의 치과건물을 세워 진료의 전문화를 꾀했다.

1. 치과 강의(부츠)
2. 치과건물(1933)
3. 기공실
4. 치과의 임상강의
5. 칫솔 광고(1931)
6. 치과 사진부의 봉투
7. 치과병원의 기증서(1931)

7

1

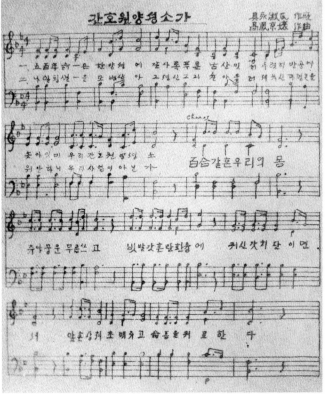

2

3

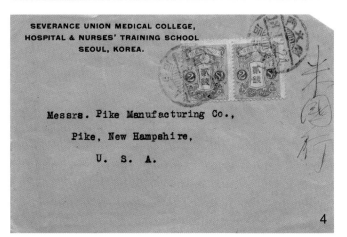

4

5

6

7

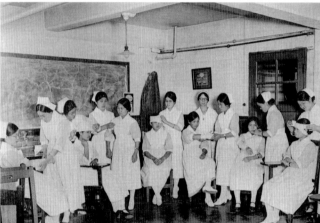

8

36 간호부양성소

1917년 세브란스가 전문학교로 되면서 간호학교는 사립세브란스연합의학전문학교 부속간호부양성소로 명칭이 바뀌었다. 이후 1924년에 총독부 지정이 되면서 세브란스의학전문학교 부속병원 산파간호부양성소로 명칭이 바뀌었다. 학생들은 3년 동안 간호와 관련된 이론적이고 실제적인 훈련을 받았다. 교수진으로는 쉴즈, 로렌스, 영, 넬슨 등이 있었고 세브란스의전 교수들이 함께 교육에 참여했다.

1. 양성소 건물
2. 교가
3. 졸업장(1933)
4. 1930년대 사용된 공식 편지봉투
5. 직인
6. 조례
7. 조제 실습
8. 붕대법 실습
9. 졸업 기념 사진(1918)

9

10

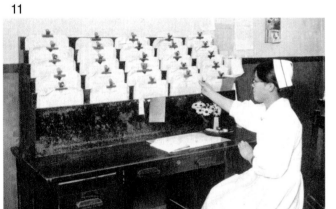

11

12

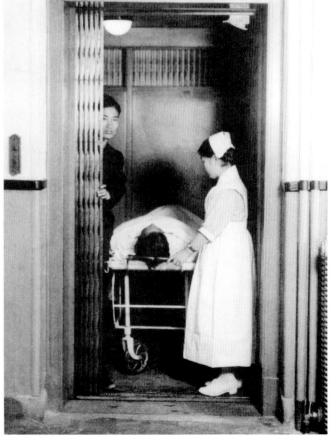

13

로렌스   영   넬슨

캠벨   쉐핑   이정애

14

15

16

10. 가관식
11. 병동 간호실
12. 일광치료 실습
13. 엘리베이터를 이용한 환자 운반
14. 태화진찰소의 보건간호사
15. 쉴즈의 환갑 잔치
16. 신생아 간호 실습

高工		工			化
高等商業	高農	農	林	農	計 鑛 土 建 化 紡

二三	七三	
一五	三八	
一五四	二三	
六七	四〇二	
八五	四一九	
二五	一八八	
計	六五	二七二

セブランス聯合醫學專門學校
入學試驗問題

國語及漢文

（二時間）昭和十年三月十八日施行

一、次の文を平易に解釋せよ。

（イ）さましく品とさかれ、をしく、ほしく、いとしく、かなしと思ふが、みなわが心に候。こゝろといふものはさらへた

いとものに候、それを思ひつくるばかりに、しうしんとなりて、りんねすることとにて候はゞ、心ともなりなむ。かたき

むるなれば、心とあだなのかたきぞ。

（ロ）不住行藥村之行海內擾亂百禍並起雖日逐疫鬼疫鬼猶來姜世好信鬼愚人好求福

次に次文に誤あらば正せ。

咲きも後らず、散りも始めぬ櫻花、あらし有りともかくてやむ已むと、今よ昔にかくはむ術べも片糸のゆりくづれたり世ぞをかすと

も是非ありけり。

數學（代數）

（二時間）昭和十年三月十八日施行

（1） $b^2-4ac=(a-c)^2$ ナルトキ $c^2+4ab=(a-b)^2$ ナルヲ示セ

（2）ある有理數ニシテ分母ニ2ヲ加フレバ其ノ値ハ $\frac{3}{4}$ ニ…

（3）金15000圓ヲ二口ニ分ケテ利殖シ…

英語

（二時間）昭和十年三月十九日施行

次の文を英譯せよ。
（一）（イ）君は不機嫌な顔が醜くそしておそろしかった。
（ロ）君は辯護しなければならぬことをむしろ遺憾に思ふだらう。

次の文を和譯せよ。

（1）Many students wish to doctor become but few study much enough to become.

（2）Grammar tells you to think and speak proper.

（3）You had better to sit write and speak proper.

（4）I does not better what he shall think of it.

次の文を英譯せよ。

（1）能はく彼を罵し化學に譯り…

（2）彼は彼の學說を述べた。

物理及化學（物理）

（二時間）昭和十年三月十九日施行

物理及化學（化學）

（三時間）昭和十年三月十九日施行

空氣ヲ熱シ鹽化亞鉛ニ導キ…

次ニ反應式ヲ擧ゲヨ

$C_2H_5OH + H_2SO_4 = C_2H_5HSO_4 + H_2O$,
$2C_2H_5OH + H_2SO_4 = (C_2H_5)_2SO_4 + 2H_2O$,
$2(CH_3OH) + H_2SO_4 = (CH_3)_2SO_4 + 2H_2O$

英語

（三時間）昭和十年三月十九日施行

次の文を英譯せよ。

（1）In September, 1923, a violent eruption of Tokyo occurred. Hundreds of buildings were either destroyed or seriously damaged by the shock. This was followed by destructive fires Which started from the upsetting of furnaces or the burning of escaping gas. As the great mains were twisted or broken by the shock, the firemen could not get the water needed to put out the fires. Nearly all of the city was destroyed and hundreds of lives were lost.

（2）If you will please people, you must please them in their own way; and, as you cannot make them what they should be, you must take them as they are.

（3）Manchuria is a large country with many undeveloped resources. Its people are industrious and its climate good for agriculture. Dairen is the main port. Good government and more railways are desirable to make a prosperous state. Progress depends on good relations with Japan.

37 학생 활동

에비슨이 처음 의학교육을 시작하던 때에
는 학생들을 구하기가 힘들었다. 낯선 학문을 오랜
시간을 투자해 공부하기가 쉽지 않았기 때문이다.
그러나 서양의학이 입지를 넓혀가고, 세브란스도
자리를 잡아감에 따라 점차 지원자가 많아져 입학
시험을 거쳐 학생들을 선발하게 되었다.

1. 입학시험 문제(1935)
2. 학생 모집 광고(1936)
3. 입학지원생(1930)
4. 전교생(1932)
5. 등교
6. 조회
7. 반모임
8. 하교

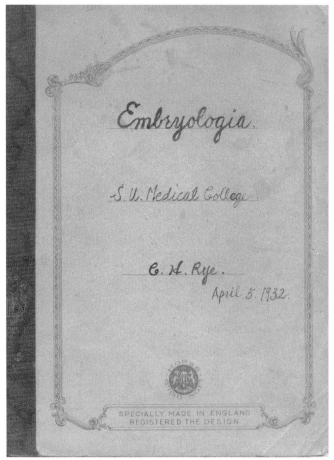

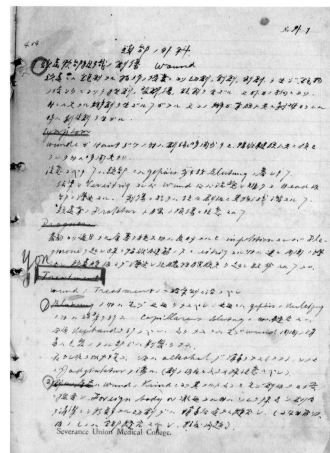

{Hen's Egg.}
Germinal disk (Cytoplasma (vesicle)

white (yolk min) yolk.

- Shell.
- shell membrane out
- shell membrane inner
- Vitelline Membran
- Chalaga
- Air chamber
- Latebra
- Albumen.
- yellow yolk (Deutoplasma

{Oogenesis.}

Germinal Epithelium.
- oogonium
- oogenesis nest

B.V.

- oöcyte

Membrana folliculi ---
Germ hill ---

- Cavum.
- Fluid.
- Ova.

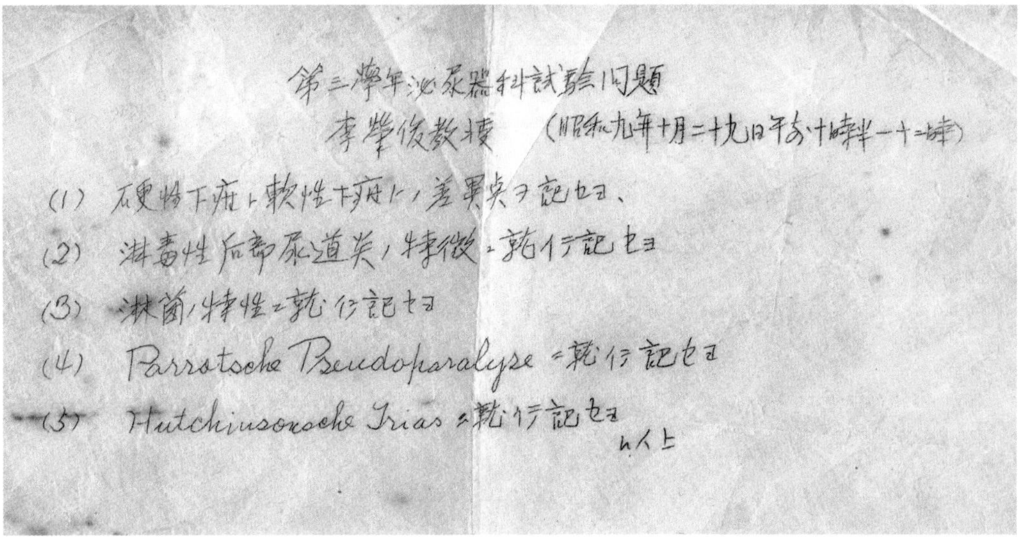
第三學年泌尿器科試驗問題
李學俊教授 （昭和九年十月二十九日午前十時半－十二時）
(1) 硬性下疳ト軟性下疳トノ差異点ヲ記セヨ、
(2) 淋毒性後部尿道炎ノ特徵ニ就テ記セヨ
(3) 淋菌ノ特性ニ就テ記セヨ
(4) Parrotsche Pseudoparalyse ニ就テ記セヨ
(5) Hutchinsonsche Trias ニ就テ記セヨ
以上

11

12

13

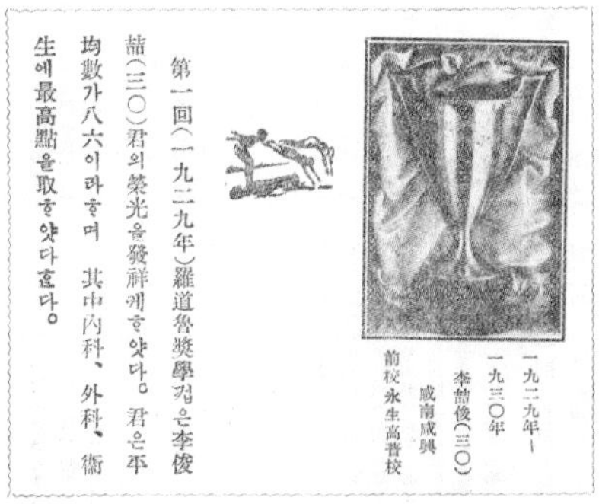
一九二九年－
一九三〇年
李喆俊(三〇)
咸南咸興
前校永生高普校

第一回(一九二九年)羅道魯獎學컵은李俊喆(三〇)君의榮光을發祥케ᄒᆞ얏다。君은平均數가八六이라ᄒᆞ며 其中內科、外科、衛生에最高點을取ᄒᆞ얏다ᄒᆞᆫ다。

14

15

9. 이정희의 노트 표지 및 내용(1932)
10. 김기복의 노트 (1941)
11. 비뇨기과 시험문제(1934)
12. 진급방
13. 기숙사 도서실에서 공부하는 산파간호부양성소 학생들 (1933)
14. 러들로 컵
15. 졸업시험

16

17

18

16. 눈 오는 날 교정에서
17. 쉬는 시간
18. 단합대회
19. 장기
20. 바둑
21. 다방
22. 영화관
23. 가관식 전의 예비학생들
24. 당구

1

2

3

4

운동

운동은 학생활동의 중요한 부분이었다.
학생들은 정구, 축구 등 다양한 운동을 즐겼으며,
특히 축구부는 일본에서 열린 전문학교대회에 참가
해 1931년부터 여러 차례 우승을 차지하기도 했
다. 그 외에 연희전문과 함께 교직원 친목경기도 가
졌다.

1. 베를린 올림픽 마라톤에서 금메달을 딴 손기정과
   세브란스 교수들(1936)
2. 우승을 하고 일본에서 개선한 축구부 일동(1932)
3. 각종 스포츠 활동
4. 산파간호부양성소의 정구대회(1935)
5. 세연 양교직원 친목경기(1935)

5

分劇의 밤

時日　十月二十五日(金)下午七時
場所　長谷川町公會堂
題　女權擴張（一學年）
　　薄命（三學年）
　　敗北者의셜음（三學年）
　　貞操（四學年）
入場料　白券一圓、青券五十錢、紅券三十錢
主催　世富蘭偲醫專演藝部
後援　東亞日報社學藝部

世專醫生들이 分劇의 밤 開催

廿五日밤公會堂에서

년중행사로 거행하야 만도학생 사이의 큰명물인 세브란스의전 학생의「스턴트,나이트」는 동교 연예부주최와 본사학예부후 원으로 오는 이십오일 밤일곱 시부터 시내장곡천뎡 공회당에 서 개최하게되엇는데 삭연할각 본과기타 규뎡은 알에와 갓더라

一、女權擴張（第一學年）
二、薄命（第三學年）
三、敗北者의설음（第三學年）
四、貞操（第四學年）
入場料 白券一圓 青券五十錢 紅券三十錢

그런데 이날수입되는것은 동교 부속병원 진료비에 긔부한다 더라

4

5

6

7

39 분극의 밤과 음악

분극의 밤은 각 학년별 연극대회로서 관객들의 투표로 우승팀을 가렸다. 이는 단순히 학내 행사에 그치지 않고 동아일보사의 후원 하에 대외적인 행사로 열렸는데 대회가 열리는 경성부 공회당이 가득 찰 정도로 인기였다. 문화적 상황이 열악하던 당시 학생들의 문화활동은 사람들의 문화적인 갈증을 채워주는 역할을 하였다.

1. 분극의 밤(1929)
2. 분극의 밤 광고(1929)
3. 분극의 밤에 관한 동아일보 기사(1929)
4. 오케스트라
5. 합창단
6. 밴드부
7. 음악연주회 입장권(1940)

1

2

3

祝

世專靑七回創立紀念

技術本位

Ⓚ 第一洋服店

世富蘭偲醫學專門學校指定

京城鍾路靑年會館下階

電話(光化門)二八四五番

The
7th
Anniversary
of
SEVERANCE Y.M.C.A.
under the auspices
of
Severance y.m.c.a.
of
Central y.m.c.a.,Chong-No,Seoul
Monday, April 28, 1930
8.00 P.M.

謹啓

本會第七回創立記念式을 來二十八日(月)下午八時,鍾路中央基督敎靑年會館에서開催하오니揀萬駐臨하심을敬要.

一九三0年四月 日

世醫專基督靑年會長

(巴煜弊)

4

5

40 기독청년회 및 통속의학강연회

학생들은 의학공부에 열중하는 한편 의미 있는 사회활동에도 열심을 다했다. 기독청년회는 빈민진료사업을 벌이는 한편 통속의학강연회를 개최하여 올바른 보건과 의학지식을 전파하는 데 크게 공헌했다.

1. 통속의학강연회(1935)
2. 동아일보 통속의학강연회 광고(1933)
3. 제11회 통속의학강연회 팜프렛 내용(1937)
4. 기독청년회 창립 기념식 팜프렛(1930)
5. 기독청년회 일동(1934)
6. 산파간호부양성소의 YWCA 임원 일동(1939)

6

1

3

ヒポクラテス宣誓

予ハ醫神アポロ、パスクレピオス、ヒギエイヤ、パナカイヤ其他諸々男神女神・御前ニ茲ニ本宣誓ヲ執行シ予ガ全力ヲ揮ヒ重ヲ誓シテ予ハ吾斯年齢術ヲ授ケタル諸師ヲ父ト仰ギ、生活上ニ遊ルヲ命シ彼等ニ要スルトコロノモノ八分エルニ身ハル筆ハ子孫ハ我ガ同胞ト同シク扶助スル之ハ出生ノ制ト種番ヲ求ハルナク其ヲ方書教材其他荷己本専ヒ許等ヲ分子孫ノ為ニ、挙ニタヲ提供シ其他何人材料ヲ八此宣誓ヲ遵奉シ斯ノ道ヲ學バントスル師弟タル子孫ノ為ニ、挙ニタヲ提供シ其他何人ニモ之ヲ與ヘズ。凡ニ患者ノ利害ノ為メニニ之ニハタヲ躊セフ唯患者ノ必要ト利益ノ為メニ絶スベキ藥物ノ投與ハ何人ノ堂ニ之ヲモ断ジテ之ヲナサズ。之ニ関スル薬物ヲ授クルモ亦如キ危險ハ之ヲ避クベキコトヲ。人命ヲ助菩ニ難一切之ヲ避ケ、隨胎・自的ニ供スル器其ハ如何ナル婦人ニモ決シテ之ヲ與ヘズ。予八生涯ヲ通ジテ予ガ術ヲ清キヲ保持ス。
べク藏術ハ必ズ之ヲ専門家ニ委ネ蓋家・館門ヲ唯寛者ニ之利益ノ為ニ入ルベク、故更ナキ一切人ノ危害ヲ與フルヲ爲サズ。殊ニ婦人タリ奴隷タルト自由人タルトヲ問ハズ其身ヲサ・レベク、就中奴隷ヲ男女ヲ問ハズ其員ヲ要ズサ・レベク、秘密ニ関スル八其施術中ナルト否トニ拘ラズ他人ノ生活中ニ就イテ見聞スルコトアルモ其之ヲロ外スルコトナカレ此等ノコト八必ズ秘中ニ堅ク之ヲ守ランビ必ラズ、堅ク之ヲ守ランビ必ラズ。若シ夫レ予ガ此ノ此ノ宣誓ヲ順行シテハ八予ガ生涯ヲ通ジテ世人間ニ於テ令名嘖嘖々トナリ敬意ヲ以ヒテ崇メラレ術ノ上ニモ生活ノ上ニモ幸福ヲ享クルコトヲ得ン名、若シ之ニ反キテ之ヲ破ラバ其ノ反對タラシメヨ。

4

5

41 사은회 및 졸업식

당시 학기는 4월에 시작해 이듬해 3월에 마쳤다. 졸업식 전에는 선생님들을 모시고 사은회를 가져 그 동안의 가르침에 감사드렸다. 또 졸업을 기념하여 앨범을 제작했다. 1917년 처음 앨범을 만들었고 그 이후에도 졸업앨범을 만들었지만 학년에 따라 한 장의 졸업사진으로 대치하는 경우도 있었다.

1. 사은회(1938)
2. 히포크라테스 선서
3. 히포크라테스
4. 졸업생 입장
5. 졸업사
6. 졸업식 광경(1938)

6

Severance Union Medical College

Seoul ✚ Korea

The President and Board of Managers of the Severance Union Medical College, have this day conferred upon _Paik To Hyun_ the degree of

BACHELOR OF MEDICINE

upon the recommendation of the Faculty, after instruction according to the regulations of the College, and careful examination.

In witness whereof this Diploma, signed by the President and Dean, and sealed with the seal of the College, is awarded to him this _____ day of _____ 19__ in Seoul, Korea.

_____ President.

_____ Dean.

卒業證書

白斗鉉
明治三十二年七月二十六日生

右ハ本校ノ規定シタ
ル全科ヲ修了ス依テ
此卒業證書ヲ授與ス

大正十一年三月二十三日

財團法人私立セブランス聯合醫學專門學校

校長 醫學博士 藥學博士 オー、アール、エビソン

學監 醫學博士ジェイ、デイ、ヴアンバスカルク

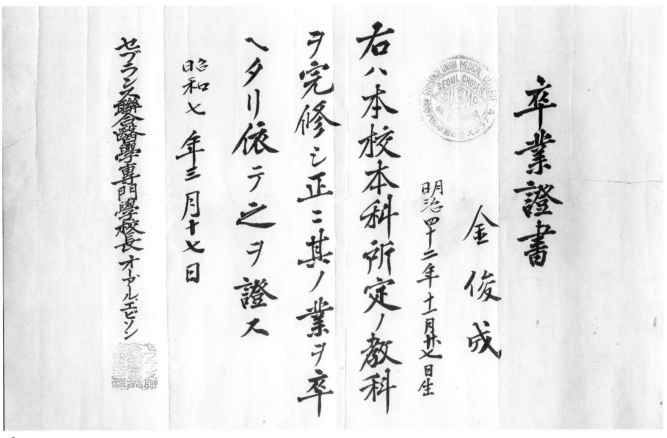

8

9

10

7. 백두현의 졸업장(1922)
8. 김준성의 졸업장(1932)
9. 정인희의 부수 임명장(1938)
10. 설경성의 인턴 수료증(1937)

Class of 1923,

12

13

14

1 9 3 2

15

凡為攝影者或有家族團聚或有社會集合或取機臺壽觀或
取山水至樂千萬其象各寓見志況同窓之誼乎人之同窓
出學同志之同校則救人濟世之功亦隨以同然潛藏於中莫形
出其同校人不自知其二則向志心也所
二者求同校人不其難乎勝於家者固不肖於我我不如家也
亦不及於同校惟我同窓如相溝磨者庶可以同象今
我世富蘭德醫學校之設不苦十年而五六十年而承先生學者
不況澄今而不流心求其仁術求其精以意治經發前格後
進之力而一同校五世富蘭德之慈善也二回校長魚至信之教
導也一回教負諸英之勤務也一校之內三會美之會之中
君志切於毋校紀念攝影成帖一帖之中校長之整肅校負
之潛諺教室之華麗病室之浄瀠診察以何術實習
以何方瞭然在目而四年間在學之多備美善裁是帖而同
之志得之於學而寫之於帖其園合而有法於家族社會共
樂就如有勝於携置山水以今日之踪澄後日之事軍系視
務之睽惆鄉施術之怪揚柳感離情之依依日日惱隨夢憶
懲投芒乎對影帖之慰懷別同窓如昨向毋校而寄懷別千
畫非遠上學時鍾隱乎予耳後習夜燈諄諄乎目思之所到
志之所同質諸影帖乎愈久愈同乎
大正六年丁巳仲春上瀚南湯洪錫厚序

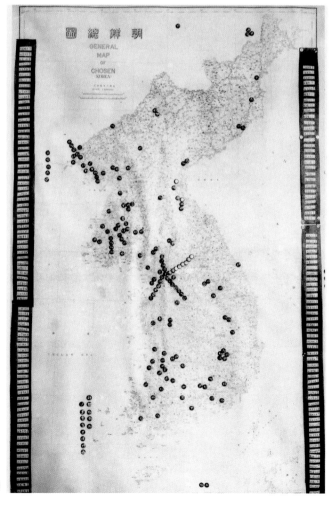

開業廣告

本人이 今般京城세부란丛病院을
辭호고 左記場所에서 開業호읍고
一般診療에 從事호오니 多數光臨
호시기를 비ᄂ이다 (但牧師나助
事의 紹介가 잇스면 넉넉지 못호 兄
弟의게ᄂ 特別廉償ㅎ 貧者의게ᄂ
無料로 호ᄋ도 有ᄋ)

大正十二年十月一日

ᅎ南安州城內西門內

（소곰젼꼴）

救世醫院
院長 金廼興 白

7

42 동창회

세브란스 동창회가 만들어진 정확한 시기
는 알려져 있지 않다. 초대회장은 1회 졸업생 홍석
후가 맡았다. 동창회는 동창들 간의 유대강화뿐 아
니라 동창회 학술대회를 개최하여 학술활동에도 열
의를 보였다. 1928년 에비슨 교장의 동상건립은
동창들이 힘을 합해 이루어낸 첫 사업이었다. 동창
들의 수가 증가하여 지방에도 지회들이 속속 조직
되었다.

1. 동창회장 인사말(1917)
2. 경성지회(1929)
3. 대구지회(1929)
4. 제1회 동창회 의학강습회(1936)
5. 동창회 광경
6. 동창회 사무실
7. 세브란스 동창의 개업광고(1923)
8. 동창 분포(1929)

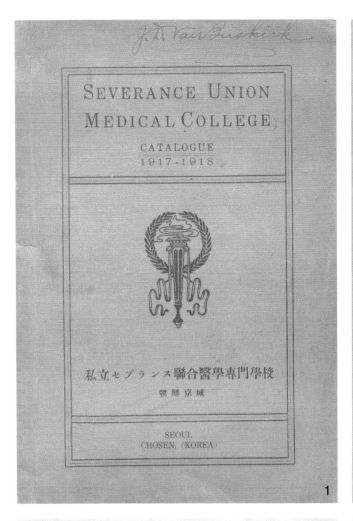

SEVERANCE UNION
MEDICAL COLLEGE
CATALOGUE
1917-1918

私立セブランス聯合醫學專門學校
朝鮮京城

SEOUL
CHOSEN, (KOREA)

1

Severance Union Medical College
Nurse's Training School.
CATALOGUE
1917-1918

私立セブランス聯合醫學專門學校
看護婦養成所一覽
朝鮮京城

SEOUL
CHOSEN (Korea)

2

3

A VISIT

to the

SEVERANCE
UNION MEDICAL COLLEGE

THE GREAT SOUTH GATE OF SEOUL

SEOUL, KOREA

1927

4

一九三四年十月

校友會員住所及名簿

世富蘭偲聯合醫學專門學校校友會

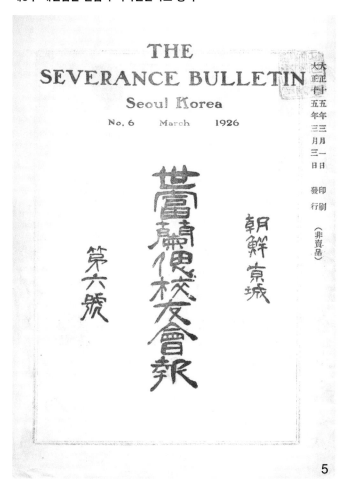

5

6

43 각종 간행물

세브란스에는 여러 종류의 공식간행물이
있었다. 먼저 학교의 전반적인 상황을 알려주는 일
람이 있다. 이는 매년 발간되지는 않았지만 수 년
간격으로 발간되었고 지금의 '세우' 지의 전신에 해
당하는 동창명부도 있었다. 그 밖에 언제부터 발간
되었는지는 분명치 않으나 교우회보가 발간되어 교
내외 동창들의 활동상을 알려주었다.

1. 세브란스의학전문학교 일람(1917)
2. 간호부양성소 일람(1917)
3. 세브란스 소개 책자(1927)
4. 교우회원 명부(1934)
5. 교우회보 6호(1926)
6. 교우회보 20호(1935)
7. 교우회보 편집부(1929)

7

1

朝鮮最初의 細菌學者 歸國

처음 세균학자인 김창세박사

세계를 일주하고 작일에 귀국

금춘에 미국(米國)쫀스홉킨스대학에서 세균학(細菌學)으로박사의 학위를밧고 세계일주를 하야 ○○○ 마ㅊ고 금일에 귀국하게되어 세부란스의학전문학교의 교수(敎授)로임명되어 부임케되엿다 하는 김창세(金昌世)씨는 이번 거에 세부란스의학전문학교를 졸업한뒤에 공중위생상해외일을 미국안식교회의 경영인 홍십자병원의 사로 연명되어 수년간 구라파각디와 일천여명의 미국으로 건너가서 쫀스홉킨스대학에서 연구하다가 금춘에 공중 위생상태를 시찰하고 박려대학 세균학교실에서 세균수개를 유력하고 마츰내 일본을거쳐오는길이며

(사진은 김창세박사)

2

SOME CHEMICAL AND BIOLOGICAL STUDIES
OF THE MUNG BEAN, PHASEOLUS AUREUS ROXBURGH

THESIS

Submitted to the Advisory Board of the School
of Hygiene and Public Health of the Johns
Hopkins University in Conformity with
the Requirements for the Degree of
Doctor of Public Health

Chung Sei Kim, M.D.,
Baltimore, Maryland,
January, 1925.

3

崔明鶴氏博士論文通過

京都帝大醫學部解剖學教室에서
and side-specificity of the our region ectoderm in amphibian
embryo oxa, or l' eternisation of the our region ectoderm in amphibian

氏는 그 學位請求論文을提出하얏다가 去四月十八日同醫學
研究會에서 通過되엇다. 今般의 論文은 多年間醫學界
의 硏究問題이며 매우 非常한興味를演出하얏으니 同氏의
出身으로 日本醫學博士의學位를 得하기로는 同氏가 最初이다. 本校
同氏의 名譽를질學位를 慶質함과 今後의 斯學에關한

萬혼努力을 바란다. 氏의 經歷을 보건대 如左하다

大正 二 年三月　咸興永信普通學校卒業。
大正 六 年三月　咸興永生學校卒業。
大正 六 年四月　咸興濟惠醫院書記勤務。
大正 十一年四月　세브란스醫學專門學校入學。
大正 十四年二月　專門學校入學檢定試驗合格되여本科에
　　　　　　　　編入。
大正 十五年三月　同校卒業。
大正 十五年四月　京都帝大醫學部解剖學教室助手勤務。
昭和 三 年四月　京都帝大醫學部解剖學教室研究科入學。
昭和 六 年一月　歸朝後本校解剖學教室講師任命。
昭和 六 年九月　本校助教授任命。

—(12)—

4

徹頭徹尾, 우리 힘으로
길러낸 最初의 博士
가日善博士의指導下에研究
文化朝鮮에 새光明!

堂堂한論文에
京大에서도놀라고
病理學會席에서세번講演
感激에넘치는師弟

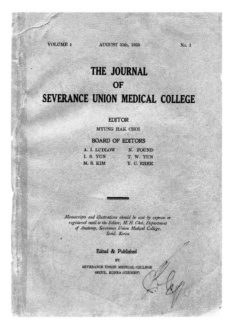

VOLUME 1   AUGUST 31th, 1933   No. 1

THE JOURNAL
OF
SEVERANCE UNION MEDICAL COLLEGE

EDITOR

MYUNG HAK CHOI

BOARD OF EDITORS

A. I. LUDLOW   N. FOUND
I. S. YUN   T. W. YUN
M. S. KIM   Y. C. RHEE

Manuscripts and illustrations should be sent by express or registered mail to the Editor, M. H. Choi, Department of Anatomy, Severance Union Medical College, Seoul, Korea

Edited & Published
BY
SEVERANCE UNION MEDICAL COLLEGE
SEOUL, KOREA (CHOSEN)

DETERMINATION OF THE POSTURE OF TRANSPLANTED
EAR REGION ECTODERM IN AMPHIBIAN EMBRYOES

by

Professor M. H. CHOI M. D.

Department of Anatomy

Severance Union Medical College
Seoul, Korea.

With six text figures

CONTENTS

I. Introduction.
II. Experimental method and materials.
III. Transplantation of left ear region ectoderm after rotating 180 degrees into its original site. (FIRST STAGE)
IV. Transplantation of left ear region ectoderm after rotating 180 degrees into its original site. (SECOND STAGE)
V. Rotation through 180 degrees and transplantation of the ectoderm of the ear region to the region of the middle part of the lateral line. (SECOND STAGE)
VI. Discussion and Conclusion.
VII. Literature cited.

I. INTRODUCTION

Only recently have we become familiar with the striking phenomenon associated with determination of the form and location of certain organs. It has been discovered by the author that if at the stage of the earliest appearance of the neural folds the ectoderm of the presumptive right ear region be transplanted to the left side it forms a left ear in all cases which means that only the general frame work of the ear was at this stage determined. On the other hand, at the stage of the closure of the neural folds the same ectoderm forms a right ear in all cases. At this stage the laterality of the bilateral organ viz. of the ear, was already determined. To distinguish these grades of determination I have called the former 'Gross-determination' and the later 'Particular determination.' Lateralization is not apparently included in gross determination of the ear but belongs to particular determination and the actual moment of the lateralization lies between the stage of the appearance and closure of the neural folds. The author further has attempted to investigate exactly when the posture of a bilateral organ such as the ear is determined and in what relations it stands to other determination.

5   6

朝鮮醫師協會報

朝鮮醫報

第 1 卷

原稿審稿注意

種類 原著, 總說, 臨床直驗及抄讀及, 雜報.

原著 論和以, 500 四以内의限文抄讀音, 外國文原著는 600 字以内의朝鮮文譯音附할것.

原稿는 34 年 12 行의原稿紙에 반드시楷書할것(原稿紙는本協會用朝鮮紙量可함).

文字及句讀點 文字는 반드시, 楷書로할것이며, 外字同行名詞急語文으로할것이며, 반드시「」름을, 例번에「리뷰一」와되할, 外國人名音原語로쓰며, 或語音으로할것이며, 반드시, 그下에橫線一음附할것. 例번에橫로쓰되와의部, 外國地名是와어할音로쓰할, 반드시, 그下에橫線는一름附할것. 句源순초, 마, 에되할.

文中 句讀字는「아라비아」數字音使用할것, 例번에 8 月 5 日, 65c 와되와, 數量及溫度에關한文字는時字音使用할것, 例번에, 順代度는 C° 瓦은 g, 瓩代度는 Kg, 1 立은 1 L, 瓩은 cc 等급 如함, 瓩時票, 반드시, 1 字量써하할것.

別冊 別冊時시는이는, 미되, 部數量晋請永絕하, 그實資量要함.

原稿揭載順序及校正 은朝鮮者에게一任함.

原稿寄送 은本協會로부널것.

廣告料	特別面 (表紙裏面) 一頁	金 貳拾 五圓
	普通面 { 一頁	金 貳拾 圓
	半頁	金 拾 圓

昭和五年十一月十九日印刷
昭和五年十一月廿二日發行

編輯者   京城府冷洞四十二番地   尹 日 善

發行者   京城府樂園洞百四十三番地   朴 啓 陽

印刷者   京城府竹添町二丁目一三八   越 智 茂 次 郎

印刷所   京城府竹添町二丁目一三八   越 智 印 刷 所

發行所
朝鮮京城
川富屬德聯合醫學專門學校病理學教室內

朝 鮮 醫 師 協 會

The Korean Medical Journal

Volume 1

Published
By
The Korean Medical Association

44 주요 학술 활동

학교의 운영이 자리를 잡으며 우수한 연구자와 연구업적들이 나오기 시작했다. 한국 최초의 보건학자 김창세, 최초의 해부학자 최명학, 자생적 박사 1호 이영춘 등 우수한 조선인 연구자들이 배출되었다. 세의전기요가 영문으로 발간되었고, 세브란스를 중심으로 조선의보가 발간되었다. 러들로의 간농양 치료법은 국제적인 명성을 얻었다.

7   8

朝 鮮 醫 報 第 4 卷 第 4 號

昭 和 9 年 12 月 發行

耳下腺黑色肉腫의 1 例

セブランス聯合醫事專門學校病理學教室(尹日善敎授)

李 永 春

Melano sarcoma of the Parotid. Case Report

By

Y. C. Lee M. B.

(Department of Pathology, Severance Union Medical College, Seoul, Korea. Director: Prof. I. S. Yun.)

9

The

Cbina Medical Journal.

VOL. XLV.   JUNE, 1931   No. 6

THROMBO-ANGIITIS OBLITERANS

A Review and Report of the Disease in Koreans*

A. I. LUDLOW, M.D., F.A.C.S., Seoul, Korea (Chosen)

In May 1908, before the Association of American Physicians, L. Buerger[1] proposed the term "thrombo-angiitis obliterans" for the group of cases of presenile gangrene which had been described by the Germans under the name "endarteritis obliterans."

Etiology

Numerous etiological factors have been suggested but none have been proven to be the exciting cause of thrombo-angiitis obliterans.

1. *Race.* At first there was a general opinion that this condition was peculiar to the Jewish race due to the fact that the majority of cases were found in the large American cities among the Jewish immigrants from Poland, Galicia and Russia. A later review of literature showed an increasing frequency among Gentiles and the condition was found in many other countries as Russia, Austria, Serbia, Bulgaria, Turkey,[2] France,[3] Japan,[4] China,[5] and Korea.[6]

2. *Sex.* The occurrence of thrombo-angiitis exclusively in males has been noted by all authors except Buerger,[7] Koyano,[8] Meleney and Miller,[9] and Telford and Stopford.[10] Pathologic proof was lacking in all except the case of a woman aged forty-eight with a five-year history, reported by Meleney and Miller. All patients in a series of more than 300 cases of

*Article No. 38, Research Department, Severance Union Medical College, Seoul, Korea.

10

朝鮮醫學會雜誌　第二十九卷　第九號
昭和十四年九月二十日發行

原　著

家兎肉腫組織ノ局所「アレルギー」性變化ニ關スル研究

第一回　報告

セブランス聯合醫學專門學校病理學教室(指導　尹日善敎授)

尹　日　善
梁　源　哲

(昭和14年 5 月 30 日受領)

目　次

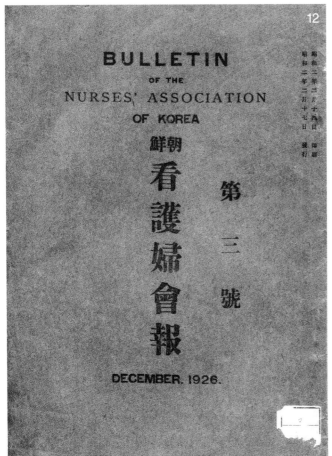

昭和二年二月十四日　印刷
昭和二年二月十七日　發行

BULLETIN
OF THE
NURSES' ASSOCIATION
OF KOREA

朝鮮

看護婦會報

第三號

DECEMBER. 1926.

12

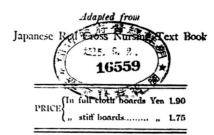

TEXT BOOK ON NURSING

Translated by

S. H. HONG, M.D.

Adapted from
Japanese Red Cross Nursing Text Book

16559

PRICE { In full cloth boards Yen 1.90
        „ stiff boards........ „ 1.75 }

Published by the
KOREAN RELIGIOUS BOOK & TRACT SOCIETY
FOR THE
SEVERANCE UNION MEDICAL COLLEGE
NURSES TRAINING SCHOOL.

1918

13

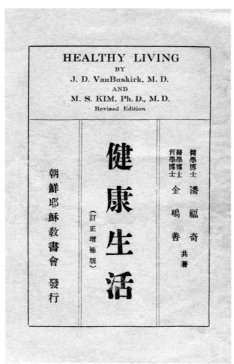

14

15

16

17

2

1

김필순(1회)

이태준(2회)

신창희(1회)

박서양(1회)

김현국(6회)

주현칙(1회)
김창세(5회)
신현창(6회)

사할린 섬
Sakhalin I.

콤소몰스크
Komsomolsk

하바로프스크
Havarovsk

유주노사할린
Yuzhno-Sakha

치타
Chita

치치하얼
齊齊哈爾

하얼빈

블라디보스토크
Vladivostok

삿포로
(札幌)

몽골
MONGOL

울란바토르
Ulan Bator

몽골고원
Mongol Plat.

바오터우
(包頭)

고비사막
Gobi Des.

베이징

선양
(瀋陽)

평양

대한민국

서울

대구

센다이
(仙臺)

일본

타이위안
(太原)

텐진
天津

다롄
(大連)

동해

고베
(神戶)

도쿄
(東京)

시닝
(西寧)

란저우
(蘭州)

시안
(西安)

스자좡
石家莊

청저우
(鄭州)

청다오
(靑島)

부산

오사카
(大阪)

요코하마
(橫浜)

아시아국
ASIA

충궈
中國

우한
武漢

난징
(南京)

상하이

후쿠오카
(福岡)

청두
成都

충칭
重慶

창사
(長沙)

난창

푸저우
(福州)

황해

타이베이

구이양
貴陽

쿤밍

동중국해
東中國海

오가사와라 제도
(小笠原諸島)

이오 섬

부탄
BHUTAN

100°

3

4

ЛИ ТЭН ЖУН ЭМЧИЙН
ДУРСГАЛД ЗОРИУЛСАН ЦЭЦЭРЛЭГТ
ХҮРЭЭЛЭН

DR. Lee Tae Joon
Memorial Park

5

6

7

45 세브란스와 독립운동

세브란스는 의학만을 가르친 것이 아니라 나라사랑과 이웃을 위한 희생을 가르친 곳이었다. 초기 졸업생이었던 김필순, 주현칙, 이태준 등이 이역 땅에서 독립을 위해 애쓴 것이나 3.1운동 당시 이갑성, 이용설 등이 주도적으로 만세운동에 참여한 것은 이러한 사실을 잘 말해준다. 또 미생물학 교수로 일하던 스코필드는 일제의 만행을 세계에 알린 결과 추방되는 시련을 겪기도 했다.

1. 김필순이 안창호에게 보낸 편지(1912)
2. 도산 안창호와 그의 동서 김창세(1929년 필리핀에서)
3. 독립운동에 적극 가담한 동창들
4. 이태준 기념 공원 전경
5. 공원 정문
6. 이태준이 받은 몽골 훈장 관련 서류
7. 공원 개원식에 참석한 동창들(2000)

8

9

10

11

私立世富蘭儸聯合醫學校學籍簿

備考	卒業成績	第四學年	第三學年	第二學年	第一學年	學年 學科 科目	從前의 教育	生年月日	金海 金端의之長子	氏名 金炳洙
						國語用器				
			79	80	21	國語	私立永明學校	一八九八年十一月十八		
			89	92	95	英語				
					90	物理化學				
						局所解剖學				
				44	87	解剖學				
					89	組織學				
				83	72	生理學				
				80	75	醫化學				
				90		衛生學				
				82		細菌學				
				86		診斷學				
			79	95		處療學				
				92		藥物學				
				86	64	調劑學				
			83			內兒科學				
			77							
			84	86		外科學				
			76			外科病理學				
			74			皮膚病科				
			70			耳鼻咽喉科學				
			65			産科學				
			70			精神病科學				
			85	84		醫學法				
						平均點數				

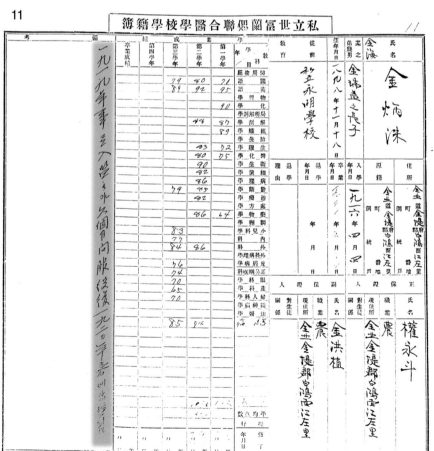

12

13

美國上院의
韓國問題〔三〕
國事情報告書

이 報告書의 緖文이라 該報告
書는 大板四十二日브터히 되엿스니
此를 譯載함에 時日이만히걸닐지라
爲先其大要를 抄述하고追後하야金
譯을揭載코저하노라

報告書의章別이三十四이라
第一章 은獨立運動의遠因을述
하야엇더한各地方의示威運動의狀況
도될수잇는대로詳述하엿더라此章
의에잇서서日本의蠻行에對한
咀況의語調가類出하며警察及監獄
內의惡刑에對하야도言及하엿더라
하다

第二章 은調査委員會의報告라
略同樣의事實을稍引系統的으로述
하엿스며天道敎의對한解釋等이有
하다

第三章 은日本言論界에對한觀
察이라宣敎師에게對한非難의例를
枚擧하다

第四章 은咸興通信이라該地에
서起한示威運動及日人의暴行을述
하다

第五章 은有名한辻逢安孟山兩處
殺事件其他宣敎師의通信이라
을目睹한宣敎師의陣述이라
第六章 은江景地方에서囚禁되
엇던某宣敎師의陣述이라
第七章 은세쓰란스病院에서治
療밧은韓人負傷人의陣述을記載한
者라七十二歲의老人으로始하야十
九歲의靑年에至하기써지二十二名
의談話가記載된바그들은다만其自
由를爲하야萬故로도업시羣衆間에서잇
에는야모綠故로도업시羣衆間에서잇

以上이報告書의緒文이라該報告
此를譯載함에時日이만히걸닐지라
爲先其大要를抄述하고追後하야金
譯을揭載코저하노라

第六章 은의개와다리를刲해쭉키우고或
은罪로或은등으로彈丸을受하고或

第八章 도同樣의記事이니이는
個人訪問에서엇은事實이오四月一
日브터五日間의探險을述하얏
은其樂貴氏의愉死의頻未
를記載하다

第十章 에는十人이세분안스病
院患者를强制로檢擧한事件을載하
다

第十一章 은訊問中에가진惡刑
을受한某女學生의陣述로滿하다
〔此頭未完〕

8. 3.1운동 관련 증언
9. 세전 학생 대표 이용설
10. 3.1운동 기념 표석(세브란스빌딩 앞)
11. 3.1 운동에 참가하여 6개월 동안 복역했던
   김병수의 학적부
12. 33인중의 한 사람인 약국 직원 이갑성
13. 일제의 잔학상을 세계에 알린 스코필드
14. 에비슨이 미상원에 보낸 3.1 운동 관련 보고서
15. 독립운동에 나선 정종명(서대문형무소, 1931)
16. 만주의 3.1 운동을 도운 마틴
17. 만주의 대한국민회에서 마틴에게 수여한 메달
18. 6.10만세 사건과 세브란스

再昨夜에도二千名
세부란쓰의학전문학생외에
각종등교학생이십여명걸거
各校學生繼續檢擧

작구일오전 일한시간정에 새로이 「세부란쓰」의학
하발각되어 보중대사건에 새로이 착수한 학생세명과 제일
개된 보전참부에 쓰는 일방으로 보성고등보통학교와 고등학교
게된다고 인명하는 모모제 씨를 걸거하야 박문 동대문경
판거기에다고 인명하는 모모제 씨를 걸거하야
씨를 관소로서에 명할하야 취됨검을 사건내용을 아마
조를 하게한후 동대문서 경에 드는각 학생중션의 모사건을
동인히 시내모방면으로 활동한학생의 것도 심을 터더라

世專校紛糾의 眞相

李榮俊博士에 對한 事件으로
崔明鶴博士에게 最後警告

事件의 發端

第二次 實行部決議

崔明鶴氏態度

同窓京城支會에서
「崔博士」支持를 決議

臨時理事會經過

學校當局은 崔博士가
自願辭免하엿다云云

吳校長態度에 不服
全體大會를 開

當博士留任陳情을
吳校長이 斷然一

世富蘭醫專盟休
삼년생일동이학교확장과
선생갈선을조건으로휴학

2

3

世醫專附屬
助産婦盟休
【養成所一學年生一同】
六個要求條件提出

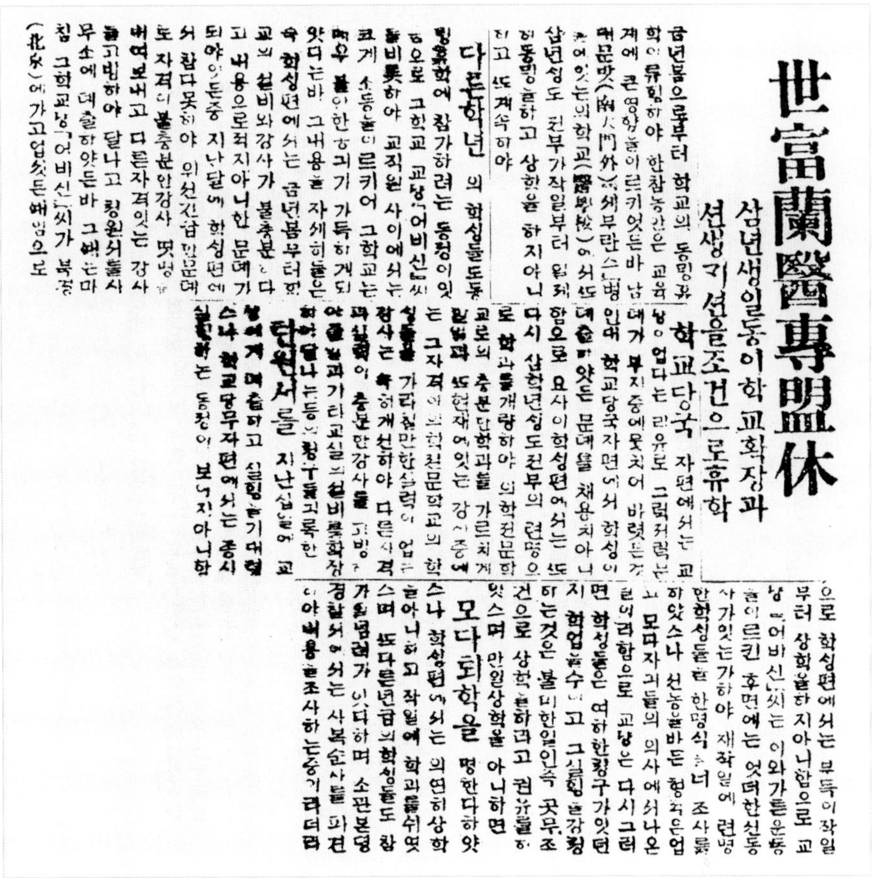

46 시련

에비슨 교장이 은퇴하고 학교의 운영권이 조선인에게로 넘어오는 과정에서 진통이 생겨났다. 일부 학생의 부정입학 시비로 촉발된 갈등으로 인해 세브란스는 내부적으로 적지 않은 어려움을 겪었다. 그 결과 최명학, 이중철과 같은 뛰어난 교수들이 학교를 떠나는 유감스런 사태가 발생하였다.

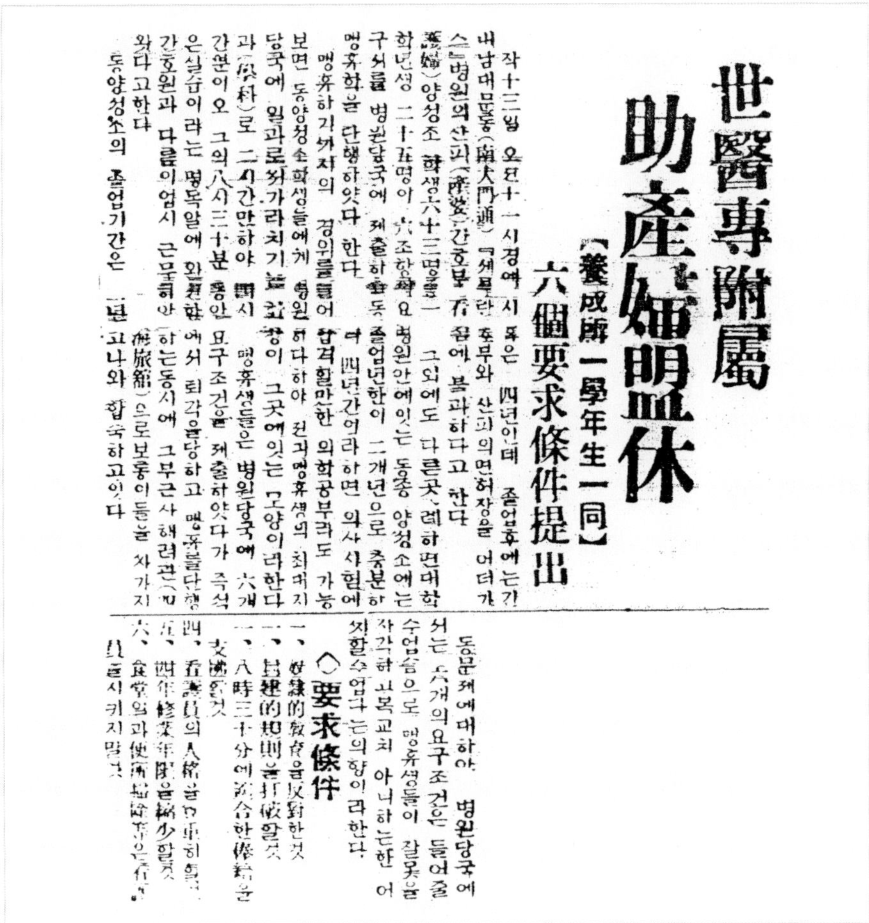

1. 최명학 교수 관련기사(1936)
2. 세브란스의전 동맹휴학(1921)
3. 산파간호부양성소 동맹휴학(1932)

이번길은 故國作別行

白骨은 朝鮮땅에

四十三年 긴歲月을 朝鮮爲하야 盡瘁

魚不信老博士의 心境

"죽기前親戚相面

이몸이이땅 雨露에 白髮되다.

老博士의 이야기

安寧히 다녀옵소!!

세부란스 의학교의 眼鏡翁

Address to Severance Union Medical College Alumni

by

President Emeritus Avison

This is a very serious occasion to me and Mrs. Avison. The passing of the years brings many changes to us all and amongst these the coming of old age is inevitable. This always means the severing of many ties and it caused my retirement from the Presidency of S. U. M. C. after more than forty years of work in this relationship. This meant that after building up the institution with the splendid cooperation of my devoted fellow-workers. I had to lay down my burden and transfer the further responsibility to younger men. I came to the work at the age of 33 and am leaving it at nearly 76.

And now at the end of my labors I can think of no work that would have given me greater satisfaction than did this opportunity to help mould the policies and traditions of the College during its formative period.

During those years it sent out 368 medical graduates and 165 trained nurses to serve society, improve the sanitary conditions of the country and direct youth to higher aspirations.

I would like, on this occasion of my parting with you, to leave with you a message that will help you all along the journey of life and from amongst many possible topics I have chosen one- "Progress"

Progress is the law of the Universe, the law of life. There is no standing still-as long as we live we must move- either forwards or backwards, If we stop going forwards we do not stand still- we at once begin to go backwards.

In order to go forward we have to choose to do so and then determine to do so and then go on actively doing so. We do not have to choose to go backward that will take care of itself.

Progress also calls for constant Perseverance and Determination. As an example of thorough going progress we may consider the process of Creation and the continued development of the Universe.

Genesis 1:1 says, "In the beginning God created the Universe". I think the statement should be "In the beginning God began to create the Universe" for He has been doing

—(3)—

1

2

3

47 에비슨의 귀국과 명예교수

평생을 세브란스와 조선을 위해 바친 에비슨 교장은 은퇴 후 1935년 귀국하게 된다. 그를 기념해 송별식이 성대하게 열렸고 많은 동창들이 불원천리 참석하여 아버지와 같던 에비슨의 귀국을 아쉬워하였다. 1935년 12월 2일 부산을 향해 서울역을 떠나는 자리에는 천여 명의 전송객이 몰려 이별의 정을 나누었다.

1. 에비슨 전별식
2. 관련 동아일보 기사(1935)
3. 에비슨의 전별사
4. 공덕리교회에서 증정한 쟁반(1935)
5. 귀국 전 만주를 방문한 에비슨 부부(1935)
6. 기차를 타고 떠나는 에비슨 부부(1935)
7. 서울역 광경(1935)

8. 에비슨 부부를 환송하는 전교생 및 교직원 일동

9

10

11

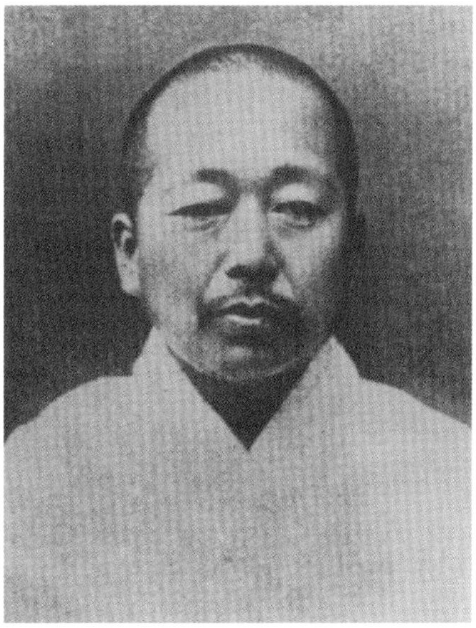
1

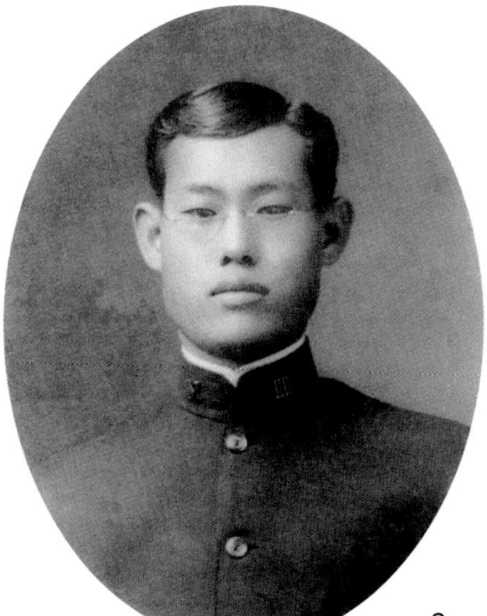
2

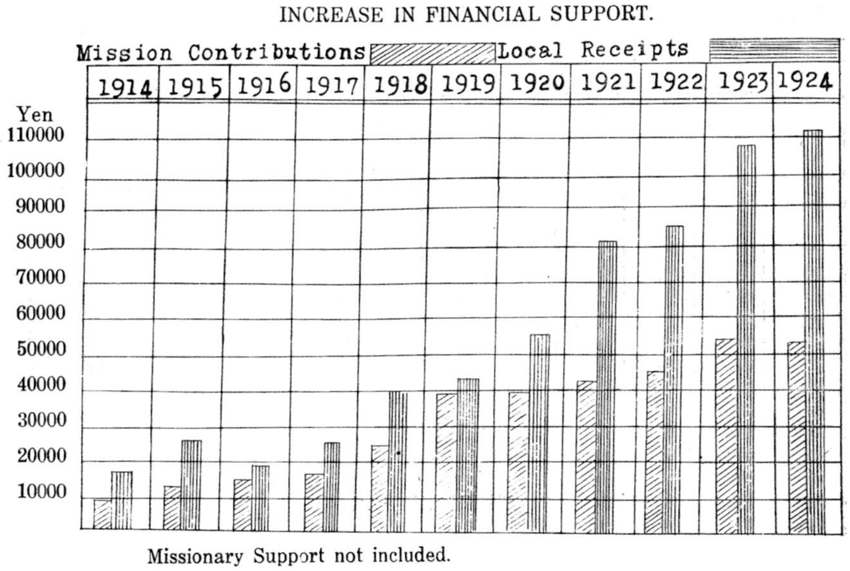
INCREASE IN FINANCIAL SUPPORT.
Mission Contributions
Local Receipts
1914 1915 1916 1917 1918 1919 1920 1921 1922 1923 1924
Yen
110000
100000
90000
80000
70000
60000
50000
40000
30000
20000
10000
Missionary Support not included.
3

李夫人學淑氏의美擧

市内長橋洞一三番地 李夫人學淑氏는 本校附屬病院施療入院患者一
人의費用 一年分三百六十五圓을 本校에寄贈하여 本校施療事業에一
助를주었다。 氏의美擧의動機를 들건대氏는 當年六十二歲의高齡으로
愛重한令從孫을잃게됨에 慈愛는悲哀로變하여 憫憫度日하여온지 已
久에悲哀는 다시딤게病床에서 呻吟하는病者의 苦痛을理解하는 慈
悲로變하기始作하였다。 이때氏의令息은 氏의辰甲祝賀宴을 排設하려
함에氏는굳게辭하며 그費用을可憐한 病者를爲하여 使用하는것이氏
의悲哀를 輕減시키는 同時에故令從孫의 靈을吊慰함이라하였다。 氏
의令息는 그特志에讚同하여 前과같은美擧를보게되였다。
今番의美擧는 餘財를寄附하는 一般의特志와그趣意를달 하여 祝
賀宴費를 救濟事業에充用케한것外에 令從孫의故靈을 吊慰하는 데
水陸祭佛供等으로 하지아니하고 社會救濟事業을 하는것으로한것은
吾人의感歎하여 마지아니하는바이며 如斯한特志는 誣氏의中堅인迷
信을打破하는데 큰役割을 할것이며 一步를進하여 그의費用은 社
會事業에使用케하면 暗澹한우리社會에 어떤光明의建設이있으리라믿
는다。 마즈막으로 氏의健康과 幸福을빌고끝인다。

5

48 기부

처음에는 선교부의 재정지원으로 운영되던 세브란스는 점차 자립을 위한 방안을 모색하게 된다. 조병학 옹과 차형은 동창의 기부는 세브란스가 재정 자립화를 이루는 데 큰 힘이 되었다.

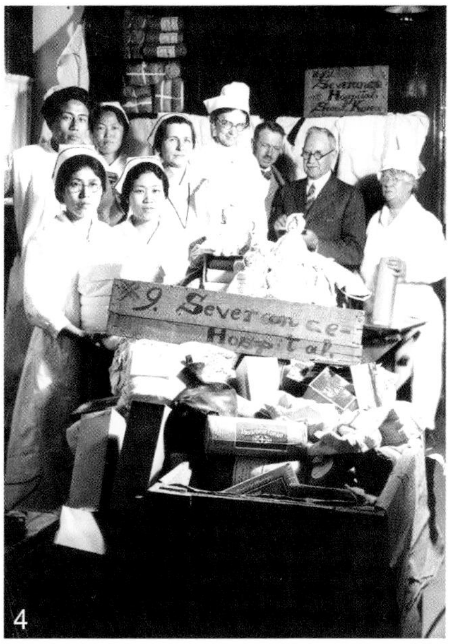
Severance Hospital
4

1. 조병학
2. 차형은
3. 세브란스의 재정증가 및 선교부
4. 미국 뉴욕장로교회에서 보낸 의료지원용품
5. 교우회보에 실린 기부 관련 기사(1935)

이 칙은 의학젼문을 조학ᄒᆞᄂᆞᆫ 한국 학도들을 위ᄒᆞ여 김필슌씨로 더브러 영인 셰류쓰씨의 영어 약물학에 셔 위견무긔약만 번역ᄒᆞ여 리쥰일씨의 글시로 속셩 쇄에 판에 인출ᄒᆞ디 본문에셔 약간가감ᄒᆞ여 초학파졍에 덕당케 ᄒᆞ려 ᄒᆞ나 부죡ᄒᆞ거시엄지 아니ᄒᆞ고로 쟝ᄎᆞᆺ

제4부

선교사 추방과 전시체제하의 시련

– 아사히의학전문학교 –

■ ■ ■ ■

1937년 중일전쟁을 시작으로 일본은 아시아 지역을 전쟁의 소용돌이로 몰아넣었다. 신사참배의 강요, 설교 및 교회 참석 금지, 뒤이은 선교사 추방 등 선교의학을 강제적으로 퇴출시키는 상황이 전개되고 있었다. 1942년 세브란스는 교명을 '아사히'로 강제 개명당하는 수모를 당했고, 학생들은 의학공부보다는 전쟁을 위한 근로봉사에 동원되는 어려움을 겪었다.

특히 서양인 의료선교사들이 일제에 의해 강제 추방당하면서 세브란스는 운영에서 타격을 받게 되었다. 중일전쟁 이후 미국이 일본에 대해 경제적 압력을 가하게 되자 일본이 노골적인 반미 태도를 취했고, 선교사와 선교기관을 노골적으로 탄압했다. 그 결과 디비 에비슨, 마틴, 앤더슨, 맥라렌 등이 1939년부터 1940년 사이 귀국할 수밖에 없었고, 교직원은 한국인과 일본인만으로 구성되었다.

하지만 선교사들은 이미 한국의 의료사업은 한국의 기독교인들이 주체가 되어 수행해야 한다는 신념을 가지고 한국인 의사들을 양성하고 있었다. 세브란스에서는 이미 1934년에 한국인인 오긍선이 교장으로 취임하여 학교의 책임을 담당하고 있었고, 각 교실에서도 한국인 의료진이 선교사들을 점차 대체하고 있었다. 따라서 선교사 추방 이후에도 커다란 동요 없이 학교와 병원이 운영될 수 있었다.

일제 하에서 학생의 대부분을 일본인이 차지하던 관립 의학교들과 달리 한 명의 일본인 학생도 없던 세브란스는 일제에 의해 학교 이름이 바뀐 후 1885년 이래 처음으로 일본인 학생을 받게 되었다. 그렇지만 1945년 8월 해방이 되어 이들 학생이 모두 쫓겨 나갔기 때문에 일제 시기에는 단 한 명의 일본인도 졸업생으로 배출되지 않았다.

한편 제2차 세계대전의 확대로 의료인력 부족에 시달리던 일제는 1944년 광주와 함흥에 의학전문학교를 세웠다. 이 학교들은 비록 졸업생들 배출하지는 못했지만, 해방 후 그 지역 의학교육기관의 모태가 되었다.

4-1 근로봉사(경성의학전문학교)

4-2 교련(세브란스의학전문학교)

昭和十八年四月現在

同窓會名簿

旭醫學專門學校同窓會

1

索引（創氏名）

アの部

青木昭夫　李暎根　昭和十四年
碧木幸永　李愚檁　昭和十七年
寄野義穆　金義穆　大正十一年
青山憲義　袁憲　昭和四年
青山英義　袁瓚　昭和十一年
朱村賢則　朱賢則　明治四十一年
朝香宗成　鄭宗成　大正四年
朝野亨潤　金亨潤　昭和十一年
朝野文雄　金基瑗　昭和十年
朝元完全　李完全　昭和十六年前期
朝本尙逸　趙尙日　昭和十年
蘆川英三　盧英三　昭和十五年

蘆田鵬雄　盧載鴻　昭和六年
東秀　趙東秀　昭和六年
東原吉信　趙淳謨　昭和十四年
天河淳國　洪淳國　昭和十七年
新井源一郎　朴元緒　昭和八年
新本炳瑠　朴炳瑠　昭和十六年前期
新安邦元　朱元鎬　昭和十一年
安永洙　安永洙　昭和十二年
安永變　安永變　昭和二年
安永徹　安永徹　昭和七年
安孔基　安孔基　昭和十年
安昌夏　安昌夏　昭和四年
安尙哲　安尙哲　昭和四年

死亡

五七

2

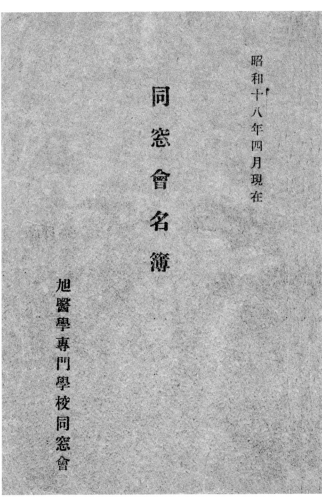

毎朝皇居ヲ遙拝致シマセウ
（マイアサコウキョ　ヨウハイイタ）

아침마다 궁성을 요배합시다

國民精神總動員朝鮮聯盟提唱

3

皇國臣民ノ誓詞

一　我等ハ皇國臣民ナリ忠誠以テ君國ニ報セン
二　我等皇國臣民ハ互ニ信愛協力シ以テ團結ヲ固クセン
三　我等皇國臣民ハ忍苦鍛錬力ヲ養ヒ以テ皇道ヲ宣揚セン

南次郎書

4

道峰表宮神鮮朝社大幣宮城京 (所名城京)
EENTRANCE TO THE CHOSEN SHRINE, KEIJO.

官幣大社朝鮮神宮

5

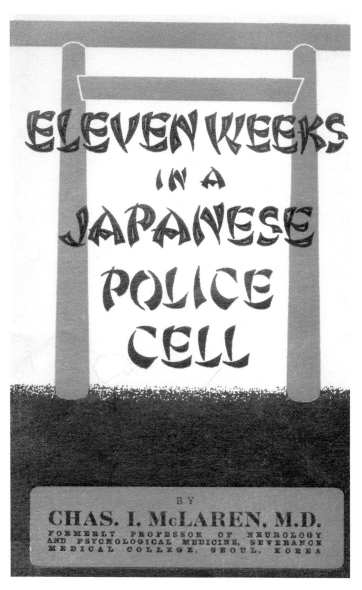

ELEVEN WEEKS
IN A
JAPANESE
POLICE
CELL

BY
CHAS. I. McLAREN. M.D.
FORMERLY PROFESSOR OF NEUROLOGY
AND PSYCHOLOGICAL MEDICINE, SEVERANCE
MEDICAL COLLEGE, SEOUL, KOREA

6

49 **일제의 압박과 선교사 추방**

중일전쟁에 이어 태평양전쟁을 일으키며 전 아시아를 전쟁의 소용돌이 속에 몰아넣은 일제는 조선에서 내선일체 황민화 정책과 전시동원을 본격화하였다. 창씨개명, 신사참배, 궁성요배 등 조선인, 특히 기독교인으로서는 받아들이기 힘든 일들을 강제했다. 선교사들도 본국으로 추방되었으며, 세브란스 정신과 교수였던 맥라렌은 수감되기까지 하였다. 그는 최후로 조선을 떠난 선교사였다.

1. 동창회 명부 표지(1943)
2. 명부의 속 내용
3. 궁성요배 표어
4. 황국신민서사
5. 남산에 있었던 신사
6. 맥라렌이 감옥에 갇혔던 경험을 담은 책(1943)

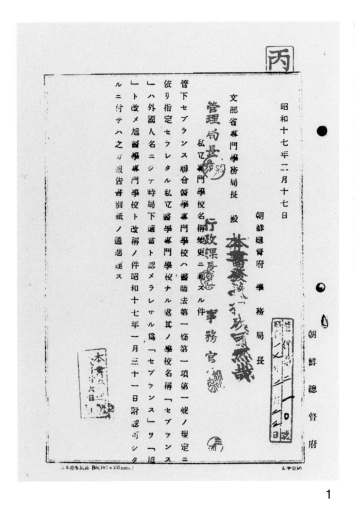

丙

昭和十七年二月十七日

朝鮮總督府學務局長

文部省專門學務局長　殿

管理局長　殿

管下セブランス聯合醫學專門學校ハ醫師法第一條第一項第一號ノ規定ニ依リ指定セラレタル私立醫學專門學校ナルモ其ノ學校名稱「セブランス」ヲ「旭」ト改メ旭醫學專門學校ト改稱ノ件昭和十七年一月三十一日附認可シタルニ付テハ之ガ豫告方別紙ノ通送達ス

一 外國人名ニシテ時局下適當ト認メラレサル爲「セブランス」ヲ一旭

行政課長
事務官

本書取扱ニ付照回願載

本情 六日

(日本標準規格 B6(182×257 mm.))

1

卒業證書

金海湘辰

大正五年二月五日生

右ハ本校本科所定ノ教科ヲ完修シ正ニ其ノ業ヲ卒ヘタリ依テ之ヲ證ス

昭和十七年九月三十日

旭醫學專門學校長　公山富雄

2

50 아사히의학전문학교

일제 말기 세브란스의 교명은 아사히의학전문학교로 강제로 개명을 당했으며, 학교의 모든 활동이 전쟁준비와 수행을 위해 이루어졌다. 학생들은 군사훈련을 받아야 했고 공부 대신 강제근로에 동원되었다.

1. 아사히의학전문학교로의 개칭을 요구하는
   조선총독부의 문서(1942)
2. 졸업장(1942)
3. 전경
4. 아사히의전연맹회보(1943)
5. 아이스하키부(1943)
6. 학교 및 도서관 직인

3

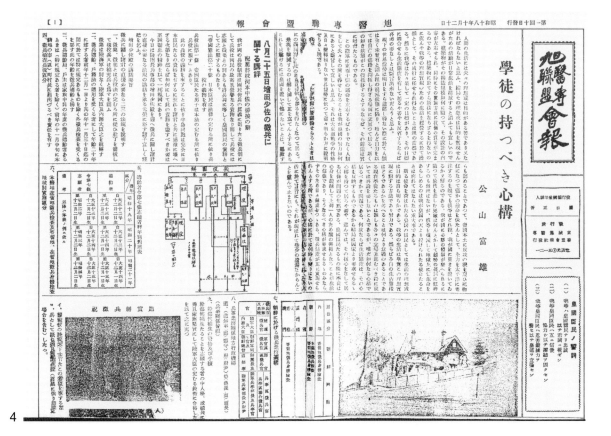

4

5

6

7

8

9

10

11

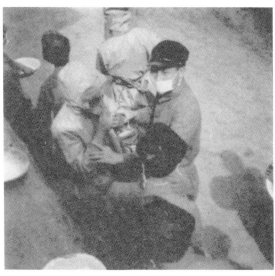

12

7. 교련
8. 강제 근로
9. 만주 동포 진료에 나선 세브란스(1940)
10. 머리를 깎고 군복을 입은 최영태 교수
11. 강제 근로 후의 식사
12. 화생방 훈련

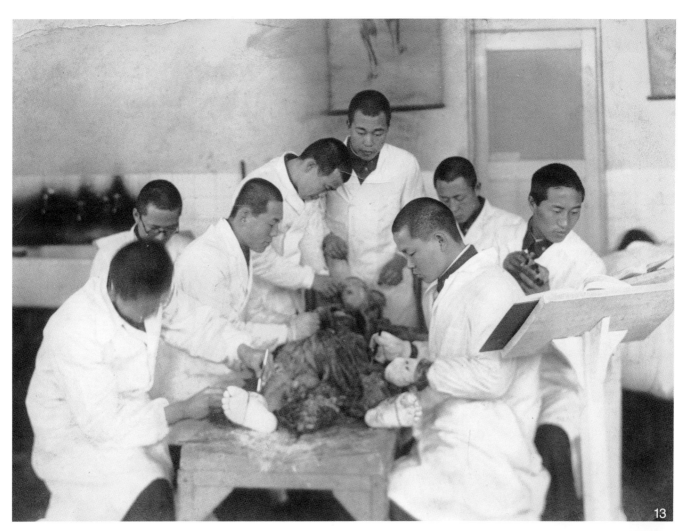

13

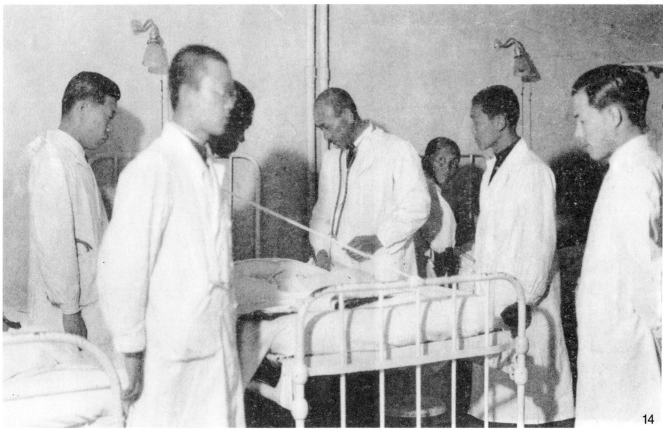

14

15

16

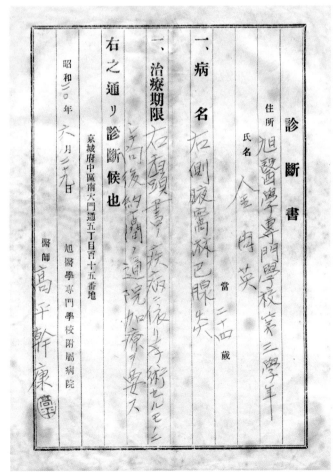

17

13. 해부학 실습
14. 내과 회진
15. 정신과
16. 방사선과
17. 아사히의학전문학교 부속병원에서 발행한 진단서
　　(1945)

제5부

광복과
의과대학으로의 발전

— 세브란스의과대학 —

1945년 8월 15일 광복과 함께 남북이 각각 미소의 영향 하에 놓이고, 독자적인 정권수립에 들어감에 따라 각기 상이한 의료체제를 형성하였다. 북한은 1947년 이후 사회주의 국가의료체제를 수립해나갔다. 북한은 해방 이전부터 존속했던 평양의학전문학교와 함흥의학전문학교를 의학대학으로 확대 개편하였고, 1948년 청진의학대학을 설립하였다. 북한의 의학계의 발전에는 최명학 등 세브란스 출신들도 큰 역할을 수행하였다.

한편 남한은 미국식 의료체제를 받아들이기 시작했다. 세브란스는 원래의 이름을 되찾았으며, 6년제로 개편되면서 1946년 처음으로 예과 학생을 모집하고 1947년 세브란스의과대학으로 승격되었다. 일본인 교수들이 빠져나간 관립 의학기관에는 윤일선, 심호섭 등과 같이 세브란스에서 일하던 한국인 교수들이 진출하여 의학 교육을 재건하는 데 크게 기여했다. 일제 시기의 경성제국대학 의학부와 경성의학전문학교는 서울대학교 의과대학으로 재편되었으며, 이화여자대학교 의과대학이 설립되었다.

그러나 곧이어 닥친 1950년 6월 25일의 한국전쟁은 큰 시련이었다. 부산, 대구 및 광주에는 전시연합대학이 운영되어 의학교육을 계속했다. 한국 전쟁을 통해 선진의술, 특히 새로운 외과 분야가 도입되는 계기가 되기도 하였다. 전쟁으로 인해 세브란스는 학교와 병원 건물이 모두 파괴되는 어려움을 겪었으나, 전쟁 중에도 거제도, 청도, 원주 등지에서 진료 활동을 멈추지 않았다. 전쟁 후 미8군, 차이나 메디컬 보드는 세브란스 뿐 아니라 다른 의과대학교가 재건하는데 큰 도움을 주었다.

전쟁 이후 가톨릭의과대학과 부산대학교 의과대학이 신설되었고, 대구의과대학은 경북대학교 의과대학, 광주의과대학은 전남대학교 의과대학으로 개편되었다. 또한 스웨덴, 핀란드 및 덴마크 등의 스칸디나비아 삼국은 전쟁이 끝나면서 국가중앙병원인 국립의료원의 설립에 큰 도움을 주었다.

간호 분야에서는 미 군정청의 보건후생부 내에 간호사업국이 신설되었는데, 초대 국장으로 세브란스 출신의 손옥순이 임명되었다.

5-1 조기화의 평양의학대학 졸업장(1949)

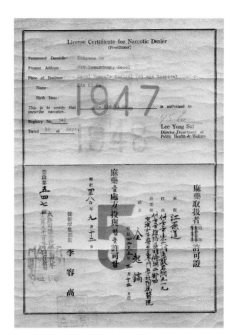

5-2 김기호의 마약취급자허가증(1947)

5-3 국립서울대학교 설치 관련 관보(1946)

5-4 이재민의 이화여자대학교 의약대학 졸업장(1952)

5-5 오형원의 전시연합대학 학생증(1953)

5-6 세브란스의과대학 부속원주구호
병원의 퇴원증명서(1951)

5-7 최인준의 의사시험 합격증(1956)

5-8 서울여자의과대학의 진단학(1956)

5-10 성신대학 의학부 논문집(1958)

5-9 조상호의 전남의대 조교 임명장(1952)

1

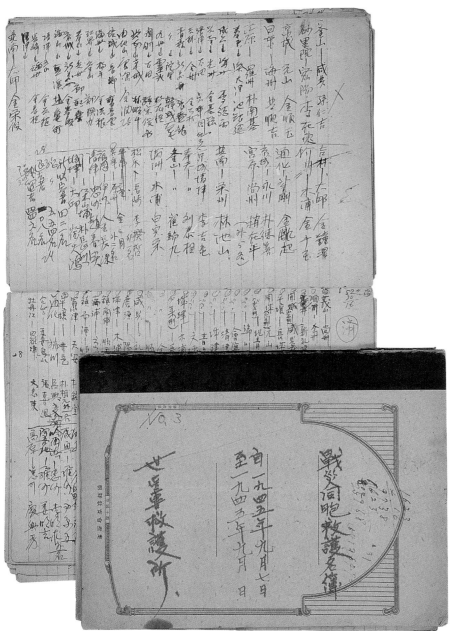

2

3

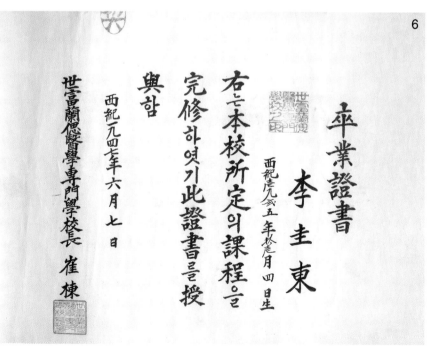

해방 – 1945년 8월 15일
51 세브란스의학전문학교 및 부속병원으로 명칭 환원

1945년 광복과 함께 세브란스는 일제 말기 아사히의학전문학교로 강제 개명 당하며 빼앗겼던 이름을 다시 찾고 재건을 위한 노력을 시작했다. 한편 세브란스의 학생들은 광복 이후 해외부터 고향으로 돌아가기 위해 몰려든 전재동포들이 무사히 귀향할 수 있도록 돕는 활동을 주도적으로 벌였다.

1. 해방으로 출옥한 독립지사를 맞이하는 서대문형무소 앞의 군중들
2. 전재동포 구호 명부(1945)
3. 당시 사용된 직인
4. 시가행진
5. 전국 학도대회에 참가한 세브란스
6. 세브란스의학전문학교 졸업장(1947)

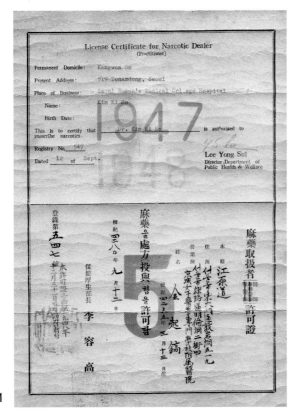

1

2

3   4   5   6

7

8

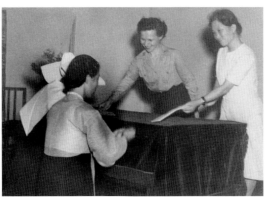

1945-48년 :

52 군정청 등에서의 활동

일제 시기 세브란스는 다른 학교와 달리 한국인 교수들이 다수를 차지했다. 이들 한국인 교수들은 타교에서 광복과 더불어 일본인 교수들이 철수하며 생긴 공백을 채우기 위해 활발히 진출했다. 또한 새로 건설되는 나라의 보건정책을 수립하고 실행하는 일에도 적극 참여하였다.

1. 김기호의 마약취급자허가증(1947, 이용설 보건후생부장)
2. 조선의사신보 표지(1946, 편집인 김명선)
3. 윤일선 서울대학교 총장
4. 심호섭 서울대학교 의과대학 초대 학장
5. 고병간 대구의과대학 학장
6. 이유경 서울대학교 치과병원 초대 원장
7. 최명학 함흥의과대학 학장
8. 손옥순 간호사업국장

修了證書

金 基 鈴
西紀九三六年五月四日生

이는 本大學의 豫科課程
을 完修하였으므로 이
證書를 授與함

西紀一九四八年七月十四日

第叁七號

蓬萊關侶醫科大學長崔 棟

1946년 :

53 의예과 설치

일제 시기 전문학교였던 세브란스는 광복
이후 의과대학으로 승격하기 위해 1946년 의예과
과정을 설치하고 의예과 학생을 모집하였다.

1. 제1회 예과 수료 기념 (1948)
2. 제1회 예과 수료증 (1948)
3. 의예과 학생들의 창경원 야유회 (1946)

1

2

3

4

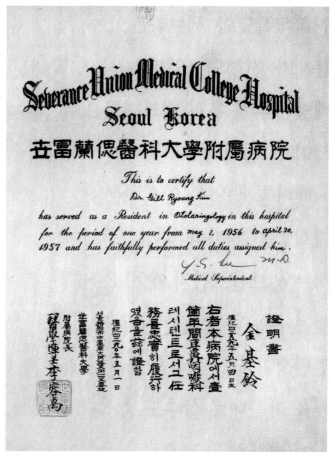

5

6

7

8

1947년 :

54 세브란스의과대학 승격

세브란스는 1946년 의예과 과정 설치에 이어 1947년에는 6년제 의과대학으로 승격하였다.

1. 학교 전경
2. 신입생 모집 광고(1946)
3. 세브란스 창간호의 표지(1947)
4. 세브란스의과대학의 직인
5. 설경성의 교수 신분증(1953)
6. 김기령의 레지던트 수료증(1957)
7. 세브란스의과대학의 뱃지
8. 노용희의 세브란스의과대학 졸업장(1948)

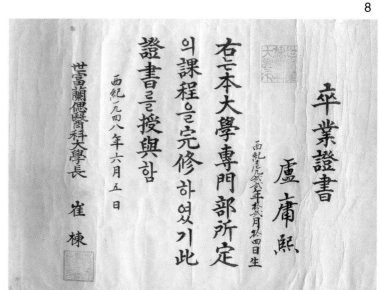

6

7

8

55 세브란스의과대학의 이모저모

세브란스의과대학은 서울역 바로 앞 서울의 중심부에 위치해 있었고 더 이상 주변으로 확장할 공간이 없었다. 해방 전 에비슨을 기념하기 위한 교사 건축 기금을 모금하였으나 실행되지 못하였고, 해방과 더불어 에비슨관을 건립하였다. 그렇지만 공간의 부족을 절감하고 있었다.

1. 정문
2. 기초의학교실
3. 병실
4. 특수피부진료소
5. Pieter's Hall for Amputtee
6. 에비슨관
7. 치과
8. 간호학과 기숙사
9. 사택

9

1

2

3

4

生 理 學 講 義

세브란스醫科大學敎授

醫學博士 金 鳴 善 譯

세브란스醫科大學出版部

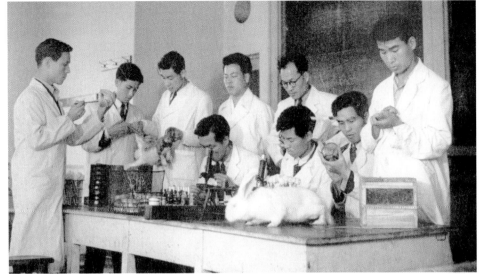

5

7

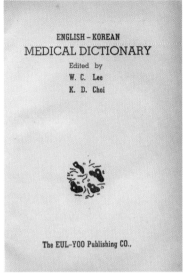

ENGLISH – KOREAN
MEDICAL DICTIONARY
Edited by
W. C. Lee
K. D. Choi

The EUL-YOO Publishing CO.,

6

8

9

56 강 의 및 실 습

　　의과대학으로 승격이 되며 교육이 더욱
충실하게 이루어지도록 노력하였다. 그리고 보다
효율적인 교육을 위해 한국어 의학교재가 만들어졌
고 처음으로 의학사전도 편찬되었다.

1. 해부학 실습
2. 최금덕이 연구용으로 제작한 조직 표본
3. 생리학 실습(이병희)
4. 김명선이 집필한 생리학 교과서
5. 미생물학 실습(유준)
6. 이우주와 최금덕의 의학사전
7. 약리학 실습(이우주)
8. 도서관 장서인
9. 도서관

11

10

12

10. CPC
11. 학생 토론
12. 교수 토론

13

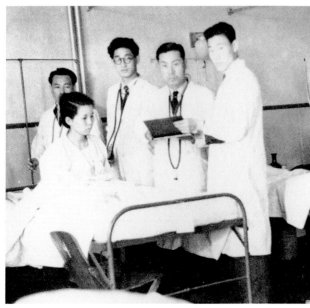

14

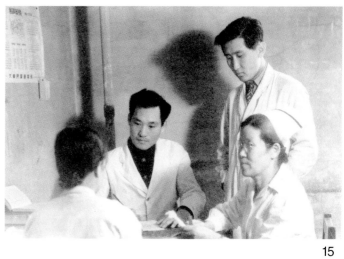

15

16

17

18

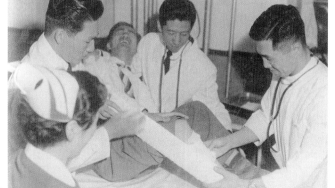

19

13. 내과 강의(심호섭)
14. 내과 회진(이보영)
15. 내과 외래에서의 병력 청취
16. 수술 견학
17. 외과학 교실원 일동
18. 응급차
19. 응급실 실습

20

21

22

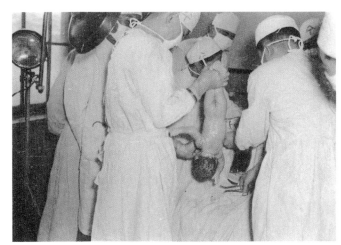

23

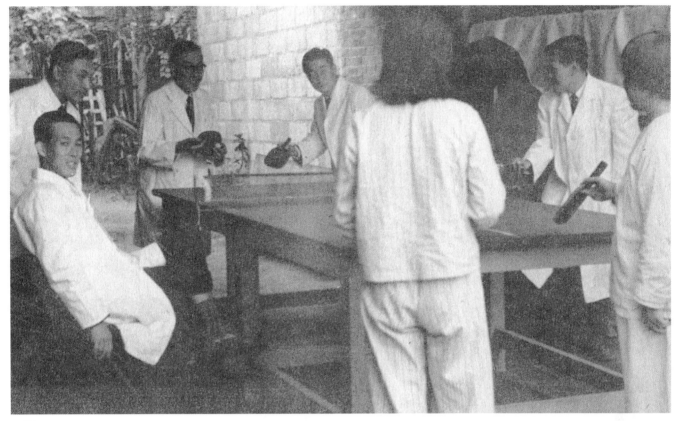

24

25

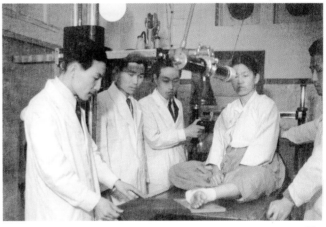

26

27

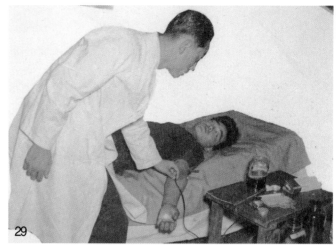

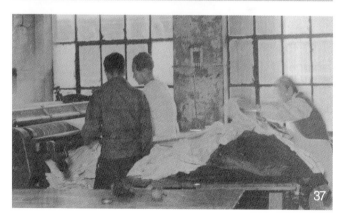

1

2

3

4

5

金鳴善博士學長就任記念
檀紀4285. 12月28日

6

7

57 각종 행사

전남의 부호 김충식 옹이 세브란스의 발
전을 위해 농지 92만평을 학교에 기부했는데 이를
기반으로 후에 동은재단과 동은의학박물관이 설립
되었다.

1. 서재필 박사 방문(1947)
2. 개정 농촌위생소 개소식에 참석한 동창들(1947)
3. 거액을 기부한 김충식
4. 제1회 이인선 문하생 음악회(1946)
5. 김명선 학장 취임(1952)
6. 아이비 교수 방문(1956)
7. 졸업 10주년 기념 사은회(1950)

세 브 란 쓰

70週年記念特輯

學長 金鳴善

發行人 李 斗 柱
編輯人 李 學 松

發行所
서울特別市中區南
大門路五街百十五
世富蘭偲醫科大學

世富蘭偲發展을祝賀한다

保健部長官 崔 在 裕

世富蘭偲醫科大學沿革

母校의創立記念日을祝賀

元 容 德
（外科長）

○一八八五 美國宣敎師協會의命으로
○一八九三 私立로發足
○一九○四 세부란스病院
○一九○九 私立로명稱下
○一九一七 私立세부란스醫學專門學校
○一九三四 私立세브란스醫科大學聯合醫學專門學校
○一九四二 세브란스醫學專門學校
○一九五三 醫科大學으로就任

梨花大學校

延禧大學校

서울
大學校
醫科大學

赤十字病院

서울
女子
醫科大學

柳韓洋行

金剛製藥所
社長 全 用 淳
서울特別市鍾路區慶雲洞

世富蘭偲眼鏡部

李在珪內科
서울特別市鍾路區桂洞一二八

保健部
崔在裕

交通部
李鍾林

2

3

4

5

58 **개교기념**

　광복 이후에는 학생들의 가장행렬과 체육
대회를 포함하는 개교기념행사가 다양하게 이루어
졌다.

1. 세브란스신문(1954)
2. 개교 66주년 기념
3. 개교기념식
4. 체육대회
5. 개교기념 가장행렬(1948)
6. 세브란스 음악구락부의 기념 공연(1947)

6

1

2

3

THE FACULTY
AND
GRADUATING CLASS OF 1956
OF
SEVERANCE UNION MEDICAL COLLEGE
REQUEST THE HONOR
OF
YOUR PRESENCE
AT THE
COMMENCEMENT EXERCISES
2:00 P. M
ON SATURDAY, MARCH 31, 1956
AT
AVISON HALL

謹啓 花辰에
尊体 錦安하심을 仰頌하나이다
就白 本大學 第四六回 卒業式을 左記와 如히
擧行하옵기 尊爲를 奉邀하오니 惠然 光臨
하심을 敬望하나이다

記

日 時 檀紀四二八九年 三月三十一日 下午二時
場 所 本大學講堂 (애비슨 舘)
檀紀四二八九年三月   日
世富蘭偲醫科大學長 金 鳴 善

貴下

4

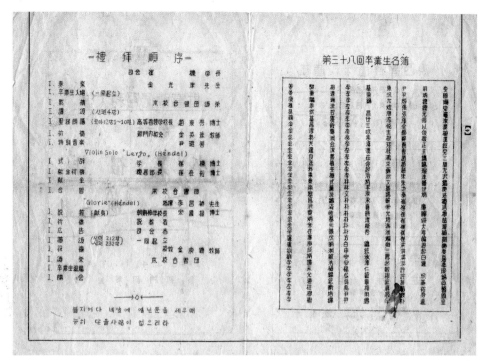

5

6

59 졸업식

입학식이나 졸업식과 같은 학교의 중요 행사는 구내에 있던 남대문교회에서 이루어졌다.

1. 졸업식 광경(1950)
2. 졸업식 광경(1950)
3. 남대문교회 앞에서
4. 초청장(1956)
5. 졸업예배 순서지(1948)
6. 최인준의 의사시험 합격증(1956)
7. 홍승록의 본과 졸업장(1951)

7

단기4283.2.25
축가관식

SEVERANCE

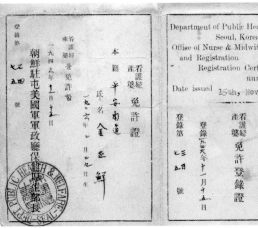

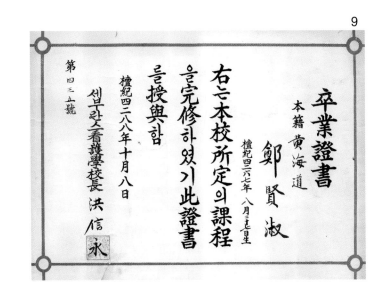

60 간호학교

해방과 함께 이름을 되찾은 간호부양성소는 1946년 양성소 제도가 폐지되면서 세브란스고등간호학교로 개칭되었다. 한국전쟁 중 간호학교는 거제도에서 전시간호학교를 설치하여 교육을 계속했으며, 1953년 세브란스간호학교로 개칭되었다.

1. 고등간호학교 졸업생 일동(1946)
2. 가관식(1950)
3. 김정선의 간호부산파면허증(미 군정청, 1946)
4. 홍신영의 조산원면허증(보건사회부, 1957)
5. 세브란스간호학교 설립 신청서(1954)
6. 세브란스간호학교의 초대 교장 샌들
7. 전시간호학교(거제도 장승포초등학교)
8. 세브란스간호학교의 서대문 형무소 위문 공연
9. 세브란스간호학교의 졸업장(정현숙, 1955)

3

4

5

6

7

61 한국전쟁과 세브란스

세브란스는 서울역이라는 주요 시설과 인접해 있었던 관계로 한국전쟁 중에는 공격의 대상이 되어 성한 건물이 없을 정도로 철저하게 파괴되었다. 그러나 전쟁이 소강상태로 접어들며 건물의 복구가 이루어지기 시작했다.

1. 파괴된 세브란스 전경 1
2. 파괴된 세브란스 전경 2
3. 병원 본관
4. 특등 병실
5. 병실
6. 에비슨관
7. 간호원 기숙사

8

9

10

8. 수리 중인 본관
9. 복구된 본관
10. 복구된 간호원 기숙사
11. 신축 학생회관
12. 임시 복구된 세브란스 전경

11

12

서울의대 의대 제 호

檀紀四二八五年二月二十日

文教部長官 貴下

서울대 의과대학장 李容高

標記件 本大學을 釜山戰時聯合大學
光州醫專時聯合大學에서 學生을 受講시키고 各護
大學의 規定에 依하야 納入金을 納入시킬 것
學生納入金 入學試驗狀況報告의 件
入學試驗은 事情에 依하야 檀紀四二八四年으로 밧엇음.

檀紀四二八四年度卒業生名簿

서울대 醫科大學

姓名	生年月日	現職業 現住所	備考	番號
千炳玉	四二九二.三.三	空軍々醫官候補 空軍士官學校	新潟	26
李英世	四二八二.二二.三	海軍々醫候補 海軍々醫學校	釜山市	24
李麟奎	四二八一.三.二六	海軍々醫候補 海軍々醫學校	釜山市	23
李英求	四二七九.一〇.二〇	〃	釜山市	27
許複護	四二八二.八.三〇	C.A.C病院 釜山市光復洞三가三	釜山市	28
金炯世	四二八二.四.土	海軍々醫候補生 海軍々醫學校	釜山市	28
成周皓	四二八三.三.八	空軍士官學校	釜山市	26
李錫夏	四二八二.三.土	海軍	釜山市	29
吳興根	四二九一.四.二四	海軍々醫學校	釜山市	24

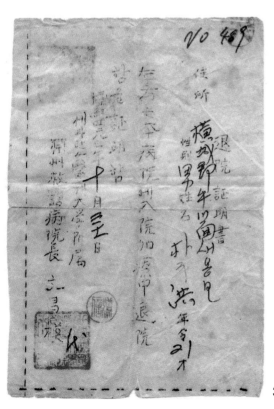

5

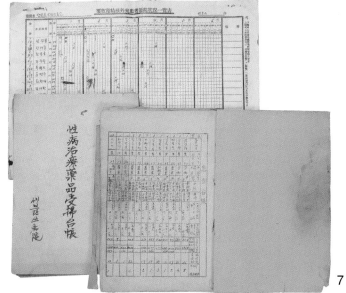

6

7 8

9

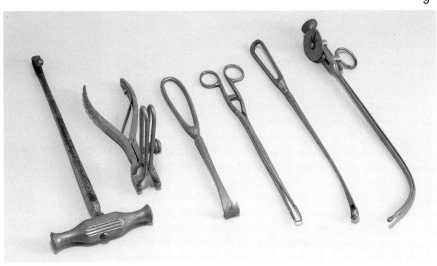

62 전시연합대학과 구호병원

전쟁으로 서울의 학교들이 피난을 가며
피난지에서 전시연합대학이 만들어졌다. 그리고 세
브란스는 거제, 청도, 원주 등에 구호병원을 만들어
전쟁으로 인해 상처 입은 동포들을 위한 진료를 계
속했다.

1. 전시 의학교육 상황보고서(1952)
2. 졸업생 명부(1951)
3. 원주구호병원 퇴원증명서(1951)
4. 거제 구호병원의 직원 일동(1951)
5. 거제 구호병원 전경
6. 거제세브란스병원의 현판
7. 거제 구호병원의 자료들
8. 거제 구호병원 관련 직인
8. 거제 구호병원의 수술도구

34—St. Petersburg Times Wednesday, Aug. 29, 1956

OBITUARIES

Dr. Oliver Avison, 96; Credited With Bringing Rhee Into Christianity

Dr. Oliver R. Avison, 96, famed founder of Severance Union Medical College and Nurses Training School in Korea; physician for 18 years to the Emperor, King Yi, and first president of Chosen Christian College, died at a local rest home yesterday at at 4:45 p.m.

DR. OLIVER R. AVISON

As a medical missionary for 43 years of the Presbyterian Church in Korea, he was credited with the conversion to Christianity of President Syngman Rhee and decorated by the Korean government for his unselfish service.

He was also awarded the Independence Medal along with the late Ray Richards, AP International News correspondent and former AP correspondent, O. P. H. King, of Dallas, Texas, by the Korean ambassador to Washington, Yon Chan-yang.

He lived at 729 Sixth Street North for the past 12 years, but was born in Jagger Green, Yorkshire, England.

He is survived by his wife, Agnes Pope; five sons, Lawrence B., Richmond, Va., Gordon W. Dublin, Ga., W. Raymond, Greenville, Mass., Martin, San Diego, Calif., and Edward S., Kansas City, Kan.; and a daughter, Mrs. Lera C. Larson, Muskogee, Okla.

Friends may call from 7:00 p.m. to 9 p.m. at the John S. Rhodes Funeral Home.

5

에비슨博士 追悼式嚴修
靑史에 빛날 故人의 偉業

6

7

8

9

---

63 디비 에비슨 장례식과 오알 에비슨의 서거

일제 말기 선교사들이 일제에 의해 강제 귀국 당하면서 세브란스에서 일하던 선교사들도 본국으로 돌아갔다. 세브란스의 소아과 교수와 병원장으로 활동했던 디비 에비슨은 1952년 8월 4일 캐나다에서 영면하며 한국에 묻히기를 원했다. 그리하여 유해가 한국으로 보내져 장례식을 치른 다음 양화진 묘지에 안장되었다. 한편 오알 에비슨은 1956년 8월 28일 미국 플로리다 세인트 피터스버그에서 영면하여 아내 제니가 묻혀 있는 캐나다 온타리오의 스미스 휠스에 안장되었다.

1. 새문안교회에서 열린 디비 에비슨의 장례식
2. 학교 문으로 들어오는 유해
3. 교내를 순회하는 유해
4. 양화진 외국인 묘지의 묘소
5. 세인트 피터스버그 타임즈에 실린 부고
6. 에비슨의 서거를 알리는 연희춘추(1956)
7. 이승만 대통령이 수여한 건국공로훈장증(1952)
8. 에비슨이 말년에 살던 플로리다 세인트 피터스버그의 집
9. 스미스 휠스에 있는 에비슨 부부의 묘지

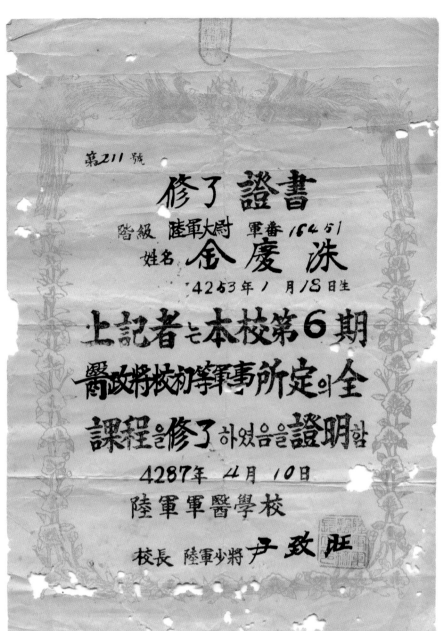

第211號

修了證書

階級 陸軍大尉 軍番 15451
姓名 金 慶 洙
4253年 1 月 18日生

上記者는 本校第6期
醫政將校初等軍事所定의 全
課程을 修了하였음을 證明함

4287年 4月 10日

陸軍軍醫學校

校長 陸軍少將 尹 致 旺

1

2

3

4

5

6

64 세브란스의 인물들

광복과 한국전쟁을 전후하여 세브란스의
인물들은 각계에서 지도자로 활동하였다.

1. 육군군의학교 교장 윤치왕(1954)
2. 군복 입은 윤치왕
3. 최재유 보건사회부 장관(1953)
4. 흥남 철수작전
5. 한국의 쉰들러 현봉학(맨 오른쪽)
6. 원용덕 헌병사령관 명의의 자기

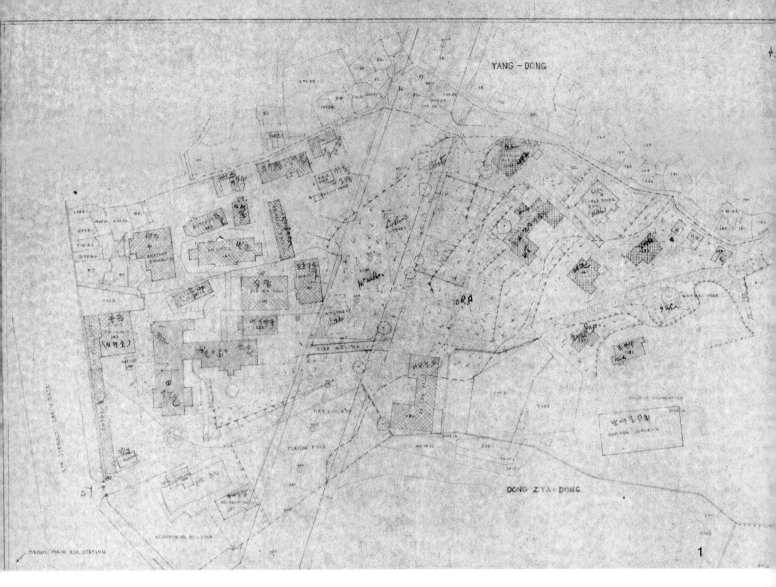

YANG - DONG

DONG ZYA-DONG

1

2

3

65 퇴계로에 의해 양분된 세브란스

서울역 앞의 세브란스 캠퍼스는 도시 계획에 따라 퇴계로가 나면서 둘로 나누어지는 어려움을 겪었다. 이렇게 양분된 캠퍼스는 육교를 통해 연결되었다.

1. 1953년 제작된 도면. 퇴계로가 점선으로 표시되어 있다.
2. 공사 후 양분된 학교
3. 공사 중인 퇴계로
4. 양분된 세브란스를 잇는 육교 건너편의 에비슨관

4

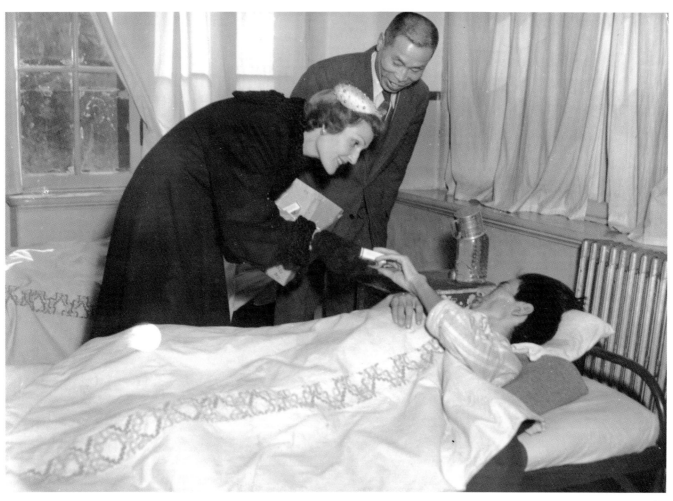

1

2

전후 복구

한국전쟁 이후 세브란스는 전후 복구를
위해 많은 노력을 기울였다. 자체적인 노력에 더해
여러 경로를 통한 미국의 지원이 큰 힘이 되었다.
이러한 전후 복구를 위해 전임 학장들도 힘을 보태
었다.

1. 닉슨 부통령 부인의 재활원 방문(1953)
2. 미8군 의무감 의학도서 기증(1952)
3. 기증 도서(1954)
4. 역대 학장 사진(1953). 앞줄 왼쪽부터 이영준, 오긍선,
   최동, 뒷줄 왼쪽부터 김명선, 이용설

자료 출처 및 소장처

이 화보집에 실린 자료의 출처와 소장처는 '본문 중의 번호 / 출처 / 소장처' 의 형식으로 나타내었다. 연세대학교 의과대학 동은의학박물관(동은으로 표시)에서 소장하고 있지 않은 것들은 모두 소장처에서 사용 허락을 받았다.

> **본문 중의 번호 / 출처 / 소장처**
> 1-2 재동 제중원 / KMF 32(8), 1934 / 연세대학교 중앙도서관

제1부 제중원 및 제중원의학교

1-1 알렌(한말) / - / 동은

1-2 재동 제중원 / KMF(Korea Mission Field) 32(8), 1934 / 연세대학교 중앙도서관

1-3 서재필(1898) / 임창영: 서재필 박사 전기. 공병우글자판연구소, 1987 / -

1-4 세브란스병원 전경(1904) / - / 동은

1-5 박일근의 계은자술(일제) / - / 동은(이종학 기증)

1-6 대한의원 개원식 기념엽서. 원장 사토(佐藤進)(1908) / - / 동은

1-7 평양 동인의원(한말) / - / 이이다 미유키(飯田深雪) 제공

1-8 화학교과서(1906) / 제중원 / 동은

1-9 병리통론(1902) / 의학교 / 동은

1-10 해주 구세요양원의 엽서(일제) / - / 동은

1-11 보구녀관 간호부양성소(1903) / - / 동은

01 우리나라의 재래의학

   1. 오장도(조선) / - / 동은

   2. 약주전자(조선) / - / 동은

   3. 침과 침통(조선) / - / 동은

   4. 한약방 엽서(한말) / - / 동은

   5. 향약집성방(1433) / - / 동은

   바탕: 동의보감(1814) / 전주감영 / 동은

02 서양의학 도입 이전의 접촉

   1. 주제군징(1629) / 天土敎東傳文獻續編(二). 臺灣學生書局, 1966 / 연세대학교 중앙도서관

   2. 전체신론(1851) / 江蘇上海墨海書館 / 동은

   3. 집옥재 엽서(한말) / - / 동은

4. 신기천험(1866) / 明南樓文集 卷1 / -

5. 정약용의 영정 / - / 다산학술문화재단

6. 종두심법요지 / 與猶堂全書 第7集 / -

3. 알렌관 / - / 동은

4. 알렌의 흉상 / - / 동은

5. 엘러즈 / KMF 31(4), 1935 / 연세대학교 중앙도서관

6. 양화진 묘지의 전경 / - / 동은

7. 헤론의 묘소 / - / 동은

8. 언더우드와 호튼의 묘비 / - / 동은

9. 디비 에비슨의 묘소 / - / 동은

10. 빈튼 가족의 묘소 / - / 동은

11. 엘러즈의 묘소 / - / 동은

12. 번스의 묘소 / - / 동은

13. 제이콥슨의 묘비 / - / 동은

14. 스크랜튼 대부인의 묘비 / - / 동은

15. 휠드의 묘비 / - / 동은

08 1885-90년: 알렌과 헤론 시기의 진료

1. 왕진 가는 알렌의 사진(1885) / - / 동은

2. 알렌의 의료 기구(1880년대) / - / 동은

3. 제중원 일차년도 보고서(1886) / - / 연세대학교 중앙도서관

4. 환자 통계표 / 일차년도 보고서(1886) / 연세대학교 중앙도서관

5. 사용했던 의약품들 / - / -

6. 알렌의 진단서(1885) / - / 동은(진영 기증)

09 1886년 3월 29일: 제중원의학교

1. 학생 선발과 관련된 신문 기사 / 아사노신문 1886년 7월 29일 / -

2. 제중원 학도와 관련된 기록 / 日省錄, 1886년 6월 14일(고종 23년 5월 13일) / 규장각

3. 의학교가 표시된 도면 / 일차년도 보고서(1886) / 연세대학교 중앙도서관

4. 최종악 / - / 동은(최용묵 제공)

5. 이의식의 이력서 / 국사편찬위원회 편: 대한제국관원이력서, 1971 / 국사편찬위원회

6. 제중원의학교 학도의 명예졸업장 수여식 / - / 동은

10 1885-90년: 제중원에서의 전도

1. 예수성교전서(1887) / 문광서원 / 연세대학교 중앙도서관

2. 찬송가(1909) / - / 연세대학교 중앙도서관

3. 노춘경 / 기독교대백과사전. 기독교문사, 1984 / -

11 한말 사람들의 생로병사

1. 생일상 엽서 / - / 동은

2. 실로 치아를 뽑는 광경(1903) / - / 동은(분쉬 손녀 Ute Claussen 기증)

3. 전통 혼례 엽서 / - / 동은

4. 장례행렬 엽서 / - / 동은

12 1887-1904년: 구리개 제중원의 위치와 건물

1. 한국경성전도(1903) / 경부철도주식회사 / 동은

2. 을지로 엽서(일제) / - / 동은

3. 구리개 제중원의 건물과 직원 / KMF 30(8), 1934 / 연세대학교 중앙도서관

4. 에비슨의 집이 표시된 지적도 / 奎23191, 1899년 3월 9일 / 규장각

5. 구리개 제중원의 건물 사진(한말) / - / 동은

12 1891년: 구리개 제중원의 운영

1. 빈튼 / KMF 26(1), 1940 / 연세대학교 중앙도서관

2. 빈튼의 보고서(1892) / Records of Board of Foreign Mission of the Presbyterian Church of U.S.A.,
   Korea, Letters and Reports 7 / 동은

3. 에비슨과 하디 부부 / - / 동은

14 1894년: 제중원의 선교부 이관

1. 에비슨 / - / 동은

2. 에비슨의 사직 통보(1894) / 美案 奎18047 / 규장각

3. 제중원 전관(1894) / 美案 奎18047 / 규장각

4. 에비슨의 제중원 운영원칙 / Memoir of Life in Korea / 동은(홍사석 기증)

15 1894-1904년: 에비슨 시기의 의료진 및 진료

1. 제중원의 직원 일동 / 의학백년기념화보 제1집. 연세대학교 의과대학, 1985 / 동은

2. 제중원의 연례 보고서(1901) / - / 동은

3. 에바 휠드의 일기 / - / 동은(복사본)

4. 선교사 레이놀즈에게 하사한 부채(1895) / - / 한국선교역사박물관(순천)

5. 휠드 / KMF 28(9), 1932 / 연세대학교 중앙도서관

6. 서록스 / KMF 16(3), 1920 / 연세대학교 중앙도서관

7. 제이콥슨 / 조정환역: 간호사. 조선간호부회, 1933 / 동은

8. 분쉬 / 분쉬의학상 15년사, 2005 / 동은

9. 제중원의 금계랍 광고 / 황성신문 1899년 8월 9일 / -

16 1904년: 세브란스병원의 건립

1. 세브란스 / 세브란스 1917년도 졸업앨범 / 동은

2. 정초식 광경(1902) / - / 동은

3. 정초식 초청장(1902) / - / 재단법인 한국교회사연구소

4. 건축가 고든 / - / 동은(고든 손자 Gordon, N.C. 기증)

바탕: 알렌의 정초식 기념사(1902) / - / 동은

5. 세브란스병원 전경 / Review, 1907 / 동은

6. 개원식 초청장(1904) / - / 재단법인 한국교회사연구소

7. 정지 작업(1904) / - / 동은

8. 정지 작업을 하는 간호부들 사진(1904) / - / 동은

9. 서울역 앞 세브란스병원 터에 설치된 제중원지 표식 / - / -

17 세브란스병원의 진료

1. 세브란스병원에서의 수술(1904년경) / Review, 1907 / 동은

2. 가마를 타고 진료를 받으러 온 고관 사진(한말) / - / 동은

바탕 : 개원 후 17개월 동안의 진료 실적 / KMF 2(5), 1906 / 연세대학교 중앙도서관

3. 병원 직원 일동(1905) / 동아의보 17호, 1971 / 동아제약

4. 허스트 / 세브란스 1917년도 졸업 앨범 / 동은

18 1908년: 제중원의학교 및 첫 졸업생의 배출

1. 에비슨의 연례보고서(1896) / Avison, O.R. : Report. Oct. 1, 1895 to Sept. 30, 1896 / 동은

2. 학생들의 명단 / 제중원 연례보고서(1901) / 동은

3. 약물학 교과서 및 서문 / 제중원, 1905 / 한국학중앙연구원 장서각

4. 의학교과서 / 제중원, 1900년대 / 동은

5. 허스트와 7명의 첫 졸업생 사진(1908) / - / 동은

6. 제1회 졸업식 광경(1908) / 교우회보 12호, 1929 / 동은

7. 에비슨, 허스트와 7명의 첫 졸업생(1908) / KMF 35(7), 1939 / 연세대학교 중앙도서관

8. 김필순 사진 / - / 동은(김성국 기증)

9. 홍석후 사진(1915) / - / 동은(홍성수 기증)

10. 주현칙 / 도산안창호전집 14. 도산안창호선생기념사업회, 2000 / 도산안창호기념사업회

11. 박서양 / 승동교회: 승동교회 100년사, 1996 / 승동교회 제공

12. 광고지(1909년경) / 자혜대약방 / 동은

19 1906년: 세브란스의 간호교육

1. 쉴즈 / - / 연세대학교 간호대학

2. 간호원양성소의 직원과 학생 일동 / 신동아 1935년 8월 / 동아일보사

3. 간호교과서(1908) / 보구녀관 / 동은

4. 간호부양성소 광고 / 기독신보 1920년 8월 18일 / -

20 1894-1904년: 구리개 제중원에서의 전도

1. 전도지(한말) / - / 동은

2. 서상륜 / Underwood, L.H. : Underwood of Korea. Fleming H. Revell, New York, 1918 / 동은

3. 의학 관련 소책자 / 대한예수교서회 / 동은

21 1905년: 제중원 반환

1. 제중원 반환에 관한 약정서(1905) / 奎23174 / 규장각

2. 주본 제60호(1905) / 奎17704 / 규장각

3. 제중원 구매를 알린 관보 / 官報 303호, 1905년 4월 3일 / -

4. 제중원 찬성금 / 주본 제230호 奎17704, 1906년 5월 31일 / 규장각

5. 경성박람회 엽서(1907) / - / 동은

22 각 지역의 제중원 - 선교 병원의 중심 세브란스

1. 각 교파의 선교 구역

2. 대구 제중원(1899) / 계명대학교 동산의료원 100년사, 1999 / 계명대학교 동산의료원

3. 시병원 / KMF 35(10), 1939 / 연세대학교 중앙도서관

4. 전주예수병원 / 예수병원 개원 100주년 기념 사업 팜플렛, 1998 / 전주예수병원

5. 진주배돈병원 / KMF 17(2), 1921 / 연세대학교 중앙도서관

6. 제중원 입원료 / 동아일보 1922년 12월 14일 / 동아일보사

제2부 세브란스병원의학교

2-1 윤진국의 졸업장(1914) / 세브란스연합의학교 / 동은(윤성수 기증)

2-2 졸업앨범(1916) / 조선총독부의원 부속의학강습소 / 동은(안경성 기증)

2-3 강릉 자혜의원의 엽서 / - / 동은

2-4 조선총독부의원의 엽서 / - / 동은

2-5 에비슨의 의사면허증(1914) / 조선총독부 / 동은

2-6 이재영의 의사시험합격증(1915) / 조선총독부 / 동은(이규동 기증)

23 1909년: 세브란스병원의학교

1. 윤진국의 진급증서(1911) / 세브란스병원의학교 / 동은(윤성수 기증)

2. 구내교회 / 세브란스 1917년도 졸업앨범 / 동은

3. 의학교의 직인 / - / 동은

4. 제2회 졸업 기념 엽서 / - / 동은

5. 졸업식의 초청장(1911) / - / 재단법인 한국교회사연구소

6. 제3회 졸업생 / - / 동은

7. 제3회 졸업식 식순(1913) / - / 재단법인 한국교회사연구소

8. 신축 교사 / KMF 9(9), 1913 / 연세대학교 중앙도서관

9. 봉헌식 초청장(1913) / - / 재단법인 한국교회사연구소

24 1913년: 세브란스연합의학교로의 개칭

1. 윤진국의 졸업장(1914) / 세브란스연합의학교 / 동은(윤성수 기증)

2. 졸업 앨범(1917) / 세브란스연합의학교 / 동은

3. 의학교의 직인 / - / 동은

4. 파견된 선교사들

다니엘 / 세브란스 1917년도 졸업앨범 / 동은

맥라렌 / 세브란스 1917년도 졸업앨범 / 동은

오긍선 / 세브란스 1917년도 졸업앨범 / 동은

밀즈 / 세브란스 1917년도 졸업앨범 / 동은

반버스커크 / 세브란스 1917년도 졸업앨범 / 동은

스코필드 / 20세기 한국과 세계; 연세와 캐나다. 연세대학교, 주한캐나다 대사관, 2000 / -

5. 학생 모집 광고 / 기독신보 1916년 3월 15일 / -

6. 공식 편지지 / Korea Mission Materials of the PCUSA(1911-1954) 73. Reports, Field Correspondence and Board Circular Letters / 동은

25 전문학교 이전의 진료

1. 내과 회진 / 세브란스 1917년도 졸업앨범 / 동은

2. 외과 수술 / 세브란스 1917년도 졸업앨범 / 동은

3. 인턴 일동 / 세브란스 1917년도 졸업앨범 / 동은

4. 출석부(1917) / 세브란스연합의학교 / 동은

5. 이용기의 인턴 수료증(1918) / 세브란스연합병원 / 동은(이희호 기증)

26 1915년: 세브란스 치과

1. 쉐플리의 진료 / 세브란스 1917년도 졸업앨범 / 동은

2. 쉐플리 / 세브란스 1917년도 졸업앨범 / 동은

27 1914년: 세브란스 연구부

1. 의학도서관 / 세브란스 1917년도 졸업앨범 / 동은

2. 도서관의 장서인 / - / 동은

3. 논문 별책(1915) / Mills, R.G., Ludlow. A.I., Van Buskirk, J.D.,: A simple method of water purification for itinerant missionaries and other travellers. China Medical Journal 32: 137-145, 1915 / 동은

4. 세브란스 일가 엽서 / - / 동은

28 1914년: 일제 하의 의사면허 제도

1. 전경룡의 의술개업인허장(1911) / 조선총독부 / 국가기록원

2. 에비슨의 의사면허증(1914) / 조선총독부 / 동은

3. 이재영의 의사시험합격증(1915) / 조선총독부 / 동은(이규동 기증)

4. 홍신영의 산파면허증(1937) / 경기도 / 연세대학교 간호대학

5. 三井俊雄의 일본 의사면허증(1940) / 일본 후생성 / 동은

6. 백두현의 만주제국 의사면허증(1937) / 만주국 보건사 / 동은(백운상 기증)

제3부 세브란스의학전문학교

3-1 세브란스의학전문학교 / 세브란스 1936년도 졸업앨범 / 동은

3-2 경성의학전문학교 / 경의전 1939년도 졸업앨범 / 동은

3-3 경성제국대학의학부 부속의원의 엽서 / - / 동은

3-4 평양의학전문학교의 승격 엽서(1933) / - / 동은

3-5 이영춘 / 세브란스 1929년도 졸업앨범 / 동은

3-6 대구의학전문학교 / 대구의전 1935년도 졸업앨범 / 동은

3-7 졸업식 기념지(1936) / 경성여자의학강습소 / 동은

3-8 경성여자의전병원의 안내 팜플렛 / 경성여자의학전문학교 / 동은

29 1917년: 세브란스의학전문학교

1. 교직원 / 세브란스 1917년도 졸업앨범 / 동은

2. 재단법인 허가 / 조선총독부 관보 1433호, 1917년 5월 16일 / -

3. 총독부 지정 / 조선총독부 관보 3160호, 1923년 2월 24일 / -

4. 축하 연회 초청장(1923) / 세브란스의학전문학교 / 재단법인 한국교회사연구소

5. 미국에서 연수를 받은 교수들 / A Visit to the Severance Union Medical College, 1927 / 동은

6. 일본 문부성 지정 / 동아일보 1934년 4월 12일 / 동아일보사

30 세브란스의 주위 거리

1. 학교에서 바라 본 서울역 / A Visit to the Severance Union Medical College, 1927 / 동은

2. 서울역 쪽에서 바라 본 세브란스의 엽서 / - / 동은

3. 서울역 엽서 / - / 동은

4. 남산의 신사 / 세브란스 1936년도 졸업앨범 / 동은

5. 학교 정문 / 세브란스 1936년도 졸업앨범 / 동은

31 세브란스의 전경

1. 1910년대 / 세브란스 1917년도 졸업앨범 / 동은

2. 1920년대 / 세브란스 1929년도 졸업앨범 / 동은

3. 1930년대 / 세브란스 1938년도 졸업앨범 / 동은

32 세브란스의 모형

  1. 모형 / - / 동은

  2. 세브란스 건물의 벽돌 / - / 동은

  3. 배치도 / Severance Union Medical College Nurses Training School, 1929 / 동은

33 세브란스 교기, 교가, 모자 및 뱃지

  1. 교기 / 세브란스 1941년 12월 졸업앨범 / 동은

  2. 교복, 모자 및 뱃지 / 세브란스 1936년도 졸업앨범 / 동은(교복, 모자), 이용각 기증(뱃지)

  3. 교가 / 세브란스 교우회보 12호, 1929 / 동은

  4. 전문학교 시기의 각종 학교 직인 / - / 동은

34 구내 건물의 확장 및 에비슨 동상 건립

  1. 건축 중인 신병실 / 세브란스 교우회보 8호, 1926 / 동은

  2. 봉헌식 / Activities of Severance Union Medical College and Severance Hospital, 1927-28 / 동은

  3. 신병실의 엽서 / - / 동은

  4. 에비슨의 동상 / 세브란스 1938년도 졸업앨범 / 동은

  5. 동상 제막식의 사진(1928) / - / 동은

  6. 동창생의 일동 사진(1928) / - / 동은

  7. 전염병실의 설계도면 / Severance Union Medical College Catalogue, 1925-6 / 연세대학교 중앙도서관

  8. 전염병실 / 세브란스연합의학전문학교 일람, 1934 / 동은

  9. 검사실 / KMF 26(5), 1930 / 연세대학교 중앙도서관

  10. 러들로 육교 / 세브란스 1935년도 졸업앨범 / 동은

  11. 기초의학교실의 기증식 초청장(1935) / - / 동은

  12. 기초의학교실의 도면 및 건축 / 세브란스 교우회보 22호, 1934 / 동은

  13. 기초의학교실 / 세브란스 교우회보 23호, 1935 / 동은

  14. 결핵병사 / 세브란스 교우회보 11호, 1929 / 동은

  15. 부고 / 세브란스 교우회보 6호, 1926 / 동은

  16. 부검실 / 세브란스 1933년도 졸업앨범 / 동은

  17. 정신병동 / 세브란스 1935년도 졸업앨범 / 동은

  18. 기념병실 / Severance Union Medical College Nurses Training School, 1929 / 동은

  바탕: 최초의 크리스마스 실(1932) / - / 동은

  19. 도서관 / 세브란스 1929년도 졸업앨범 / 동은

  20. 각종 장서인 / - / 동은

  21. 외래 진찰소 / 세브란스 1933년도 졸업앨범 / 동은

  22. 외래 복도 / 세브란스 1938년도 졸업앨범 / 동은

  23. 외래 수납 / 세브란스 1938년도 졸업앨범 / 동은

  24. 외래 대기실 / KMF 21(10), 1925 / 연세대학교 중앙도서관

25. 병원 식당 / 세브란스 1938년도 졸업앨범 / 동은

26. 시료실 / 세브란스 1938년도 졸업앨범 / 동은

27. 병동 사무실 / 세브란스 1938년도 졸업앨범 / 동은

28. 교환실 / 세브란스 1938년도 졸업앨범 / 동은

29. 조제실 / 세브란스 1936년도 졸업앨범 / 동은

30. 세브란스의용품상회 / 세브란스 1936년도 졸업앨범 / 동은

31. 약품 광고 / 세브란스 교우회보 7호, 1926 / 동은

32. 약품 광고 / 세브란스 교우회보 21호, 1934 / 동은

33. 안경부 / 세브란스 1936년도 졸업앨범 / 동은

34. 세브란스 안경 광고 / 기독신보 1933년 3월 8일 / -

35. 세브란스 약국 / KMF 21(10), 1925 / 연세대학교 중앙도서관

35 교실 및 교수진

1. 채플 / 세브란스 1917년도 졸업앨범 / 동은

2. Chapel Talks / 러들로 저, 이용설 역, 1937 / 동은

3. 화학(박서양) / 세브란스 1917년도 졸업앨범 / 동은

4. 물리(류전) / 세브란스 1917년도 졸업앨범 / 동은

박서양 / 세브란스 1917년도 졸업앨범 / 동은

다나카 / 세브란스 1932년도 졸업앨범 / 동은

무라야마 / 세브란스 1929년도 졸업앨범 / 동은

사토 / 세브란스 1929년도 졸업앨범 / 동은

류전 / 세브란스 1917년도 졸업앨범 / 동은

해부학교실

1. 해부학 실습(오긍선) / 세브란스 1917년도 졸업앨범 / 동은

2. 궤도(1939) / 세브란스의학전문학교 / 동은

3. 시신 기증 / 세브란스 교우회보 12호, 1929 / 동은

4. 해부학 강의(최명학) / 세브란스 1935년도 졸업앨범 / 동은

5. 조직학 강의(최명학) / 세브란스 1935년도 졸업앨범 / 동은

6. 조직학 실습 노트(1917) / 세브란스의학교 / 동은(최옥선 기증)

맨스필드 / 세브란스 1929년도 졸업앨범 / 동은

최명학 / 세브란스 1932년도 졸업앨범 / 동은

정일천 / 세브란스 1936년도 졸업앨범 / 동은

생리학 및 의화학교실

1. 생리학 강의(반버스커크) / 세브란스 1917년도 졸업앨범 / 동은

2. 의화학 강의(이석신) / 세브란스 1932년도 졸업앨범 / 동은

3. 의화학 실습 / 세브란스 1932년도 졸업앨범 / 동은

4. 김명선의 의화학 실습 노트(1922) / 세브란스의학전문학교 / 동은

5. 생리학 실습 / 세브란스 1935년도 졸업앨범 / 동은

반버스커크 / 세브란스 1917년도 졸업앨범 / 동은

이석신 / 세브란스 1932년도 졸업앨범 / 동은

김명선 / 세브란스 1932년도 졸업앨범 / 동은

세균학 및 위생학교실

1. 세균학 강의 / 세브란스 1917년도 졸업앨범 / 동은

2. 위생학 강의(디비 에비슨) / 세브란스 1932년도 졸업앨범 / 동은

3. 세균학 실습 / 세브란스 1933년도 졸업앨범 / 동은

4. 말을 이용한 면역 실습 / 세브란스 1933년도 졸업앨범 / 동은

5. 양과 소를 이용한 면역 실습 / 세브란스 1933년도 졸업앨범 / 동은

스코필드 / 20세기 한국과 세계; 연세와 캐나다. 연세대학교, 주한캐나다 대사관, 2000 / -

김창세 / 세브란스 1929년도 졸업앨범 / 동은

아마가시 / 세브란스 1929년도 졸업앨범 / 동은

최영태 / 세브란스 1936년도 졸업앨범 / 동은

병리학교실

1. 병리학 강의(밀즈) / 세브란스 1917년도 졸업앨범 / 동은

2. 병리학 실습(윤일선) / 세브란스 1932년도 졸업앨범 / 동은

3. 법의학 강의(최동) / 세브란스 1936년도 졸업앨범 / 동은

4. 법의학 실습(러들로) / 세브란스 1929년도 졸업앨범 / 동은

밀즈 / 세브란스 1917년도 졸업앨범 / 동은

최동 / 세브란스 1929년도 졸업앨범 / 동은

윤일선 / 세브란스 1932년도 졸업앨범 / 동은

약리학교실 및 기생충학

1. 약리학 강의(에비슨) / 세브란스 1917년도 졸업앨범 / 동은

2. 약물학 실습 / 세브란스 1932년도 졸업앨범 / 동은

3. 조제학 실습 / 세브란스 1929년도 졸업앨범 / 동은

4. 기생충학 실습(최동) / 세브란스 1932년도 졸업앨범 / 동은

쿡 사진 / - / 동은

이관영 / 세브란스 1929년도 졸업앨범 / 동은

이세규 / 세브란스 1936년도 졸업앨범 / 동은

내과학교실

1. 강의 / 세브란스 1917년도 졸업앨범 / 동은

2. 증례 강의 / 세브란스 1929년도 졸업앨범 / 동은

3. 회진 / 세브란스 1929년도 졸업앨범 / 동은

4. 임상 실습 / 세브란스 1929년도 졸업앨범 / 동은

5. 진료 / KMF 36(10), 1940 / 동은

6. 기흉기 / - / 동은

7. 김재흥의 상아청진기 / - / 동은(김선호 기증)

8. 체온계 / 조선총독부 / 동은

9. 진료 / KMF 20(10), 1924 / 동은

10. 외래 / 세브란스 1929년도 졸업앨범 / 동은

다니엘 / 세브란스 1917년도 졸업앨범 / 동은

마틴 / 세브란스 1929년도 졸업앨범 / 동은

심호섭 / 세브란스 1929년도 졸업앨범 / 동은

오한영 / 세브란스 1929년도 졸업앨범 / 동은

파운드 / 세브란스 1929년도 졸업앨범 / 동은

외과학교실

1. 강의 / 세브란스 1929년도 졸업앨범 / 동은

2. 증례 강의 / 세브란스 1933년도 졸업앨범 / 동은

3. 외래 처치실 / 세브란스 1929년도 졸업앨범 / 동은

4. 정형외과 환자 / A Visit to the Severance Union Medical College, 1927 / 동은

5. 수술 / 세브란스 1917년도 졸업앨범 / 동은

6. 수술 도구 / 세브란스 1933년도 졸업앨범 / 동은

7. 대수술실 / KMF 29(11), 1933 / 연세대학교 중앙도서관

8. 러들로 논문 / China Medical Journal 40(12): 1165-1189, 1926 / 동은

9. 러들로와 제자 고명우 및 이용설 사진(1927) / - / 동은(홍필훈 기증)

10. 회진 / 세브란스 1917년도 졸업앨범 / 동은

러들로 / 세브란스 1929년도 졸업앨범 / 동은

고명우 / 세브란스 1929년도 졸업앨범 / 동은

이용설 / 세브란스 1929년도 졸업앨범 / 동은

산부인과학교실

1. 강의 / 세브란스 1917년도 졸업앨범 / 동은

2. 수술 / 세브란스 1917년도 졸업앨범 / 동은

3. 외래 / 세브란스 1935년도 졸업앨범 / 동은

4. 실습 / 세브란스 1917년도 졸업앨범 / 동은

5. 회진 / 세브란스 1917년도 졸업앨범 / 동은

6. 분만실 / 세브란스 1929년도 졸업앨범 / 동은

허스트 / 세브란스 1917년도 졸업앨범 / 동은

신필호 / 세브란스 1917년도 졸업앨범 / 동은

윤치왕 / 세브란스 1929년도 졸업앨범 / 동은

소아과학교실

1. 강의 / 세브란스 1929년도 졸업앨범 / 동은

2. 증례 강의 / 세브란스 1917년도 졸업앨범 / 동은

3. 조동수 흉상 / 연세대학교 의과대학 / 동은

4. 외래 / 세브란스 1929년도 졸업앨범 / 동은

5. 신생아실 / 세브란스 1929년도 졸업앨범 / 동은

에비슨(디비) / 세브란스 1932년도 졸업앨범 / 동은

구영숙 / 세브란스 1929년도 졸업앨범 / 동은

신경과학 및 정신과학교실

1. 강의 / 세브란스 1929년도 졸업앨범 / 동은

2. 증례 강의 / 세브란스 1935년도 졸업앨범 / 동은

3. 회진 / 세브란스 1933년도 졸업앨범 / 동은

4. 진료 / KMF 22(7), 1922 / 연세대학교 중앙도서관

5. 외래 / 세브란스 1933년도 졸업앨범 / 동은

6. 1930-1년도의 과 보고서 / China Medical Journal 45(11): 1058-1066, 1931 / 동은

7. 이중철의 이력서(1935) / - / 동은(이호영 기증)

맥라렌 / 세브란스 1929년도 졸업앨범 / 동은

이중철 / 세브란스 1933년도 졸업앨범 / 동은

안이비인후과 교실

1. 안과 강의 / 세브란스 1929년도 졸업앨범 / 동은

2. 안과 실습 / 세브란스 1935년도 졸업앨범 / 동은

3. 이비인후과 강의 / 세브란스 1917년도 졸업앨범 / 동은

4. 홍석후 사진(1922) / - / 동은

홍석후 / 세브란스 1917년도 졸업앨범 / 동은

앤더슨 / 세브란스 1932년도 졸업앨범 / 동은

김준호 / 세브란스 1932년도 졸업앨범 / 동은

피부비뇨기과학교실

1. 피부과 외래 / 세브란스 1917년도 졸업앨범 / 동은

2. 비뇨기과 진료 / 세브란스 1933년도 졸업앨범 / 동은

오긍선 / 세브란스 1932년도 졸업앨범 / 동은

이영준 / 세브란스 1933년도 졸업앨범 / 동은

방사선과학교실

1. 방사선 기계 / 세브란스 1933년도 졸업앨범 / 동은

2. 방사선 촬영 / 세브란스 1917년도 졸업앨범 / 동은

3. 촬영 실습 / 세브란스 1933년도 졸업앨범 / 동은

바탕 : 방사선 사진 / 세브란스 교우회보 13호, 1930 / 동은

강문집 / 세브란스 1917년도 졸업앨범 / 동은

정일사 / 세브란스 1929년도 졸업앨범 / 동은

검사실과 약제실

1. 검사실 / 세브란스 1917년도 졸업앨범 / 동은

2. 약제실 / 세브란스 1933년도 졸업앨범 / 동은

바탕 : 1920년대 검사실 요금 / 세브란스 교우회보 10호, 1928 / 동은

3. 외래 입구 / 세브란스 1935년도 졸업앨범 / 동은

4. 시료실 입구 / 세브란스 1935년도 졸업앨범 / 동은

5. 정규원 명함(일제시기) / - / 동은

6. 계산서 / 세브란스 교우회보 21호, 1934 / 동은

7. 부검 챠트 / 세브란스연합의학전문학교 / 동은

8. 봉투 / 세브란스연합의학전문학교 / 동은

치과

1. 강의 / 세브란스 1929년도 졸업앨범 / 동은

2. 치과건물 / Korea Mission Field 28(1), 1932 / 연세대학교 중앙도서관

3. 기공실 / A Visit to the Severance Union Medical College, 1927 / 동은

4. 임상강의 / 세브란스 1932년도 졸업앨범 / 동은

5. 칫솔광고 / 기독신보 1933년 12월 20일 / -

6. 치과 사진부 봉투 / 세브란스병원 / 동은

7. 치과병원 기증서(1931) / 미국치과의사회 / 동은

부츠 / 세브란스 1929년도 졸업앨범 / 동은

정보라 / 세브란스 1941년 12월 졸업앨범 / 동은

이유경 / 세브란스 교우회보 24호, 1935 / 동은

36 간호부 양성소

1. 건물 / 세브란스 1932년도 졸업앨범 / 동은

2. 교가 / 세브란스 1932년도 졸업앨범 / 동은

3. 이희춘의 졸업장(1933) / 세브란스연합의학전문학교 부속산파간호부양성소 / 연세대학교 간호대학

4. 편지봉투 / - / 동은

5. 직인 / - / 연세대학교 간호대학

6. 조례 / 세브란스 1932년도 졸업앨범 / 동은

7. 조제 실습 / 세브란스 1932년도 졸업앨범 / 동은

8. 붕대법 실습 / 세브란스 1932년도 졸업앨범 / 동은

9. 졸업 기념(1918) / - / 연세대학교 간호대학

10. 가관식 / 세브란스 1932년도 졸업앨범 / 동은

11. 병동 간호실 / 세브란스 1932년도 졸업앨범 / 동은

12. 일광치료 실습 / 세브란스 1932년도 졸업앨범 / 동은

13. 엘리베이터를 이용한 환자 운반 / 세브란스 1933년도 졸업앨범 / 동은

14. 태화진찰소의 보건간호사 사진 - 연세대학교 간호대학

15. 쉴즈의 환갑 잔치 / KMF 25(9), 1929 / 연세대학교 중앙도서관

16. 신생아 간호 실습 / 세브란스 1932년도 졸업앨범 / 동은

로렌스 / 세브란스 1932년도 졸업앨범 / 동은

영 / 세브란스 1932년도 졸업앨범 / 동은

넬슨 / 세브란스 1932년도 졸업앨범 / 동은

캠벨 / - / 연세대학교 간호대학

쉐핑 / - / 연세대학교 간호대학

이정애 / - / 연세대학교 간호대학

37 학생 활동

1. 입학시험 문제 / 세브란스 교우회보 24호, 1935 / 동은

2. 학생 모집 광고 / 기독신보 1936년 2월 12일 / -

3. 입학지원생 / KMF 26(5), 1930 / 동은

4. 전교생 / 세브란스 1932년도 졸업앨범 / 동은

5. 등교 / 세브란스 1935년도 졸업앨범 / 동은

6. 조회 / 세브란스 1935년도 졸업앨범 / 동은

7. 반모임 / 세브란스 1932년도 졸업앨범 / 동은

8. 하교 / 세브란스 1933년도 졸업앨범 / 동은

9. 이정희의 노트(1932) / - / 동은

10. 김기복의 노트(1941) / - / 동은(김광호 기증)

11. 이정희의 시험문제(1934) / 세브란스의학전문학교 / 동은

12. 진급방 / 세브란스 1938년도 졸업앨범 / 동은

13. 기숙사 도서실의 산파간호부양성소 학생(1933) / - / 연세대학교 간호대학

14. 러들로 컵 / 세브란스 교우회보 12호, 1929 / 동은

15. 졸업시험 / 세브란스 1938년도 졸업앨범 / 동은

16. 교정에서 / 세브란스 1932년도 졸업앨범 / 동은

17. 쉬는 시간 / 세브란스 1929년도 졸업앨범 / 동은

18. 단합대회 / 세브란스 1936년도 졸업앨범 / 동은

19. 장기 / 세브란스 1933년도 졸업앨범 / 동은

20. 바둑 / 세브란스 1935년도 졸업앨범 / 동은

21. 다방 / 세브란스 1936년도 졸업앨범 / 동은

22. 영화관 / 세브란스 1936년도 졸업앨범 / 동은

23. 가관식 전의 예비학생들 / - / 연세대학교 간호대학

24. 당구 / 세브란스 1935년도 졸업앨범 / 동은

38 운동

1. 손기정과 세브란스 교수들 사진(1936) / - / 동은

2. 축구부 / 세브란스 교우회보 16호, 1932 / 동은

3. 각종 스포츠 활동 / 세브란스 1938년도 졸업앨범 / 동은

4. 산파간호부양성소의 정구대회(1933)

5. 세연 양교직원 친목경기 / 세브란스 교우회보 23호, 1935 / 동은

39 분극의 밤과 음악

1. 분극의 밤 / 세브란스 1929년도 졸업앨범 / 동은
2. 분극의 밤 광고 / 동아일보 1929년 10월 24일 / 동아일보사
3. 분극의 밤 기사 / 동아일보 1929년 10월 19일 / 동아일보사
4. 오케스트라 / 세브란스 1938년도 졸업앨범 / 동은
5. 합창단 / 세브란스 1938년도 졸업앨범 / 동은
6. 밴드부 / 세브란스 1936년도 졸업앨범 / 동은
7. 입장권 / 세브란스의학전문학교 / 동은

40 기독학생회 및 통속의학회

1. 통속의학회 / 세브란스 1935년도 졸업앨범 / 동은
2. 통속의학회 광고 / 동아일보 1933년 11월 17일 / 동아일보사
3. 통속의학회 팜프렛(1933) / 세브란스의학전문학교 / 동은
4. 기독학생회 팜프렛 / 세브란스의학전문학교 / 동은
5. 기독학생회 일동(1934) / - / 동은
6. 산파간호부양성소의 YWCA 임원 일동(1939) / - / 연세대학교 간호대학

41 사은회 및 졸업식

1. 사은회 / 세브란스 1938년도 졸업앨범 / 동은
2. 히포크라테스 선서 / 세브란스 1938년도 졸업앨범 / 동은
3. 히포크라테스 / 세브란스 1938년도 졸업앨범 / 동은
4. 졸업생 입장 / 세브란스 1935년도 졸업앨범 / 동은
5. 졸업사 / 세브란스 1938년도 졸업앨범 / 동은
6. 졸업식 광경 / 세브란스 1938년도 졸업앨범 / 동은
7. 백두현의 졸업장(1922) / 세브란스연합의학전문학교 / 동은(백운상 기증)
8. 김준성의 졸업장(1932) / 세브란스연합의학전문학교 / 동은(김종근 기증)
9. 정인희의 부수 임명장(1938) / 세브란스연합의학전문학교 / 동은(정인희 기증)
10. 설경성의 인턴 수료증(1937) / 세브란스연합의학전문학교 부속병원 / 동은(설경성 기증)
11. 세브란스 1923년도 졸업앨범 / - / 동은
12. 앨범 표지 / 세브란스의학전문학교 부속병원 산파간호부양성소의 1929년도 졸업앨범 / 연세대학교 간호대학
13. 앨범의 속내용 / 세브란스 1929년도 졸업앨범 / 동은
14. 간호부양성소 졸업생 / 세브란스 1932년도 졸업앨범 / 동은
15. 앨범 속표지 / 세브란스 1932년도 졸업앨범 / 동은

42 동창회

1. 동창회장의 인사말 / 세브란스 1917년도 졸업앨범 / 동은

2. 경성지회 / 세브란스 교우회보 12호, 1929 / 동은

3. 대구지회 / 세브란스 교우회보 11호, 1929 / 동은

4. 의학강습회(1936) / - / 동은

5. 동창회 광경 / 세브란스 1936년도 졸업앨범 / 동은

6. 사무실 / 세브란스 1929년도 졸업앨범 / 동은

7. 동창의 개업 광고 / 기독신보 1923년 10월 17일 / -

8. 동창 분포 / 세브란스 1929년도 졸업앨범 / 동은

43 각종 간행물

1. 일람(1917) / 세브란스연합의학전문학교 / 연세대학교 중앙도서관

2. 간호부양성소 일람(1917) / 세브란스연합의학전문학교 / 연세대학교 중앙도서관

3. 소개 책자(1927) / 세브란스연합의학전문학교 / 동은

4. 교우회 명부(1934) / 세브란스연합의학전문학교 교우회 / 동은(이유복 기증)

5. 교우회보 6호(1926) / 세브란스연합의학전문학교 교우회 / 동은

6. 교우회보 20호(1935) / 세브란스연합의학전문학교 교우회 / 동은

7. 교우회보 편집부 / 교우회보 12호, 1929 / 동은

44 주요 학술 활동

1. 김창세 / 동아일보 1925년 10월 19일 / 동아일보사

2. 김창세의 박사논문 / - / 노재훈 제공

3. 최명학 / 교우회보 16호, 1932 / 동은

4. 이영춘 / 동아일보 1935년 6월 19일 / 동아일보사

5. 세브란스의학전문학교 기요 창간호(1933) / 세브란스의학전문학교 / 동은

6. 세브란스의학전문학교 기요의 논문(1933) / 세브란스의학전문학교 / 동은

7. 조선의보 창간호(1930) / 조선의사협회 / 동은

8. 조선의보 간기(1930) / 조선의사협회 / 동은

9. 별책 / 조선의보 4(4), 1934 / 동은

10. China Medical Journal 45(6), 487-527, 1931 / - / 동은

11. 조선의학회잡지 19(9), 1645-1657, 1939 / 조선의학회 / 동은

12. 조선간호부회보 3호, 1927 / 조선간호부회 / 동은

13. 간호교과서(1918) / 세브란스의학전문학교 부속간호부양성소 / 국립중앙도서관

14. 건강생활(1948) / 조선야소교서회 / 동은

15. 신방내외과의전(1927) / 자성당 / 동은

16. 원내처방수첩(1941) / 세브란스연합의학전문학교 / 동은

17. 조선가정의학전서(1939) / 조선일보사 / 동은

48 기부

1. 조병학 / 의학백년기념화보 제1집. 연세대학교 의과대학, 1985 / 동은

2. 차형은 / 세브란스 1917년도 졸업앨범 / 동은

3. 세브란스의 재정 / Severance Union Medical College Catalogue, 1925-6 / 동은

4. 미국 뉴욕장로교회의 의료 지원 용품 사진(1928) / - / 동은

5. 기부 관련 기사 / 교우회보 23호, 1935 / 동은

제4부 아사히의학전문학교

4-1 근로봉사(경성의학전문학교) / 경성의학전문학교 1940년도 졸업앨범 / 동은

4-2 교련(세브란스의학전문학교) / 세브란스 1941년 12월 졸업앨범 / 동은

49 일제의 압박과 선교사 추방

1. 동창회 명부(1943) / 아사히의학전문학교 동창회 / 동은(소진탁 기증)

2. 명부의 속 내용 / 동창회명부(1943) / 동은

3. 궁성요배 표어 / - / 동은

4. 황국신민서사 / 세브란스 1941년 12월 졸업앨범 / 동은

5. 남산신사 엽서 / - / 동은

6. 맥라렌의 저서(1943) / McLaren, C.I.: Eleven Weeks in a Japanese Police Cell. S. John Bacon, Melbourne, 1943 / 동은

50 아사히의학전문학교 및 부속병원으로의 개칭

1. 아사히의학전문학교로의 개칭 요구 / 조선총독부 / 日本 國立公文書館

2. 김상진의 졸업장(1942) / 아사히의학전문학교 / 동은

3. 전경 / 세브란스 1941년 12월 졸업앨범 / 동은

4. 아사히의전 연맹회보(1943) / 아사히의학전문학교 / 동은(소진탁 기증)

5. 아이스하키부(1943) / - / 동은(계원철 기증)

6. 학교 및 도서관 직인 / - / 동은

7. 교련 / 세브란스 1941년 12월 졸업앨범 / 동은

8. 강제 근로 / 세브란스 1941년 12월 졸업앨범 / 동은

9. 만주 동포 진료(1940) / - / 동은(최영보 기증)

10. 군복 입은 최영태 교수 / 세브란스 1941년 12월 졸업앨범 / 동은

11. 강제 근로 후의 식사 / - / 동은(손인배 기증)

12. 화생방 훈련 / 세브란스 1941년도 12월 졸업앨범 / 동은

13. 해부실습 / - / 동은(손인배 기증)

14. 내과 회진 / 세브란스 1941년 12월 졸업앨범 / 동은

15. 정신과 / 세브란스 1941년 12월 졸업앨범 / 동은

16. 방사선과 / 세브란스 1941년 12월 졸업앨범 / 동은
17. 진단서(1945) / 아사히의학전문학교 부속병원 / 동은

제5부 세브란스의과대학

5-1 조기화의 졸업장(1949) / 평양의학대학 / 동은(조기화 기증)

5-2 김기호의 마약취급자허가증(1947) / 군정청 후생부 / 동은(김기호 기증)

5-3 국립서울대학교 설치 관련 관보(1946) / 군정청 / -

5-4 이민재의 졸업장(1952) / 이화여자대학교 의약대학 / 동은(임진옥 기증)

5-5 오형원의 학생증 / 전시연합대학 / 동은

5-6 퇴원증명서(1951) / 세브란스의과대학 부속원주구호병원 / 동은

5-7 최인준의 의사시험 합격증(1956) / 보건사회부 / 동은(최인준 기증)

5-8 진단학(1956) / 서울여자의과대학 / 동은

5-9 조상호의 조교 임명장(1952) / 전남대학교 / 동은

5-10 논문집(1958) / 성신대학 의학부 / 동은

51 해방 - 1945년 8월 15일 : 세브란스의학전문학교 및 부속병원으로 명칭 환원
1. 해방 / - / -
2. 전재동포 구호 명부(1945) / 세의전 구호소 / 동은(김재전 기증)
3. 직인 / 세브란스의학전문학교 / 동은
4. 시가행진 / 의학백년기념화보 제1집. 연세대학교 의과대학, 1985 / 동은
5. 전국 학도대회 / 세브란스 1950년도 졸업 앨범 / 동은
6. 이규동의 졸업장(1947) / 세브란스의학전문학교 / 동은

52 1945-48년: 군정청 등에서의 활동
1. 김기호의 마약취급자허가증(1947) / 군정청 후생부 / 동은(김기호 기증)
2. 조선의사신보 / 조선군정청 학무국 / 동은
3. 윤일선 / 세브란스 1950년도 졸업앨범 / 동은
4. 심호섭 / 세브란스 1950년도 졸업앨범 / 동은
5. 고병간 / 세브란스 1940년도 졸업앨범 / 동은
6. 이유경 / 세브란스 1941년 12월 졸업앨범 / 동은
7. 최명학 / 신세대, 1958 / 임정혁 제공
8. 손옥순 / - / 연세대학교 간호대학

53 1946년: 의예과 설치

　1. 제1회 예과 수료 기념(1948) / - / 동은(김기령 기증)

　2. 김기령의 수료증(1948) / 세브란스의과대학 / 김기령 제공

　3. 야유회(1946) / - / 동은(김기령 기증)

54 1947년: 세브란스의과대학 승격

　1. 전경 / 세브란스 1950년도 졸업 앨범 / 동은

　2. 신입생 모집 광고 / 동아일보 1946년 6월 4일 / 동아일보사

　3. 세브란스 창간호(1947) / 세브란스의과대학 / 동은

　4. 직인 / 세브란스의과대학 / 동은

　5. 설경성의 교수 신분증(1953) / 세브란스의과대학 / 동은(설경성 기증)

　6. 김기령의 레지던트 수료증(1957) / 세브란스의과대학 부속병원 / 동은(김기령 제공)

　7. 뱃지 / 세브란스의과대학 / 동은

　8. 노용희의 졸업장(1948) / 세브란스의과대학 / 동은(노용희 기증)

55 세브란스의과대학의 이모저모

　1. 정문 / - / 동은(김동수 기증)

　2. 기초학교실 / 세브란스 1950년도 졸업 앨범 / 동은

　3. 병실 / 세브란스 1950년도 졸업 앨범 / 동은

　4. 특수피부진료소 / 세브란스 1960년도 졸업 앨범 / 동은

　5. Pieter's Hall / Medical School Yonsei University Bulletin for the Academic Year, 1957-1958 / 동은

　6. 에비슨관 / 세브란스 1950년도 졸업 앨범 / 동은

　7. 치과 / 세브란스 1950년도 졸업 앨범 / 동은

　8. 간호학과 기숙사 / 세브란스 1960년도 졸업 앨범 / 동은

　9. 사택 / 세브란스 1950년도 졸업 앨범 / 동은

56 강의 및 실습

　1. 해부학 실습 / 세브란스 1950년도 졸업 앨범 / 동은

　2. 최금덕의 연구용 조직 표본 / - / 동은

　3. 생리학 실습 / 세브란스 1950년도 졸업 앨범 / 동은

　4. 김명선의 생리학 교과서(1948) / 세브란스의과대학 출판부 / 동은

　5. 미생물학 실습 / 세브란스 1950년도 졸업 앨범 / 동은

　6. 이우주와 최금덕의 의학사전(1956) / 을유문화사 / 동은

　7. 약리학 실습 / 세브란스 1950년도 졸업 앨범 / 동은

　8. 도서관 장서인 / 세브란스의과대학 / 동은

　9. 도서관 / 세브란스 1950년도 졸업 앨범 / 동은

　10. CPC / 세브란스 1961년도 졸업 앨범 / 동은

11. 학생 토론 / 세브란스 1961년도 졸업 앨범 / 동은

12. 교수 토론 / 세브란스 1961년도 졸업 앨범 / 동은

13. 내과 강의 / 세브란스 1950년도 졸업 앨범 / 동은

14. 내과 회진 / 세브란스 1950년도 졸업 앨범 / 동은

15. 외래에서의 병력 청취 / 세브란스 1950년도 졸업 앨범 / 동은

16. 수술 견학 / 세브란스 1950년도 졸업 앨범 / 동은

17. 외과학 교실원 일동 / 세브란스 1960년도 졸업 앨범 / 동은

18. 응급차 / 세브란스 1961년도 졸업 앨범 / 동은

19. 응급실 실습 / 세브란스 1961년도 졸업 앨범 / 동은

20. 소아과 입원실 / 세브란스 1950년도 졸업 앨범 / 동은

21. 인큐베이터 / 세브란스 1962년도 졸업 앨범 / 동은

22. 마취과 / 세브란스 1961년도 졸업 앨범 / 동은

23. 분만 / 세브란스 1960년도 졸업 앨범 / 동은

24. 정신과 / 세브란스 1961년도 졸업 앨범 / 동은

25. 치과 / 세브란스 1950년도 졸업 앨범 / 동은

26. 방사선과 / 세브란스 1950년도 졸업 앨범 / 동은

27. 조제 실습 / 세브란스 1950년도 졸업 앨범 / 동은

28. 임상병리 검사실 / 세브란스 1950년도 졸업 앨범 / 동은

29. 채혈실 / 세브란스 1960년도 졸업 앨범 / 동은

30. 외래약국 / 세브란스 1950년도 졸업 앨범 / 동은

31. 외래 복도 / 세브란스 1960년도 졸업 앨범 / 동은

32. 외래 접수 / 세브란스 1960년도 졸업 앨범 / 동은

33. 혈액은행 / 세브란스 1961년도 졸업 앨범 / 동은

34. 병원 수위실 / 세브란스 1960년도 졸업 앨범 / 동은

35. 보일러실 / 세브란스 1960년도 졸업 앨범 / 동은

36. 병원 서무과 / 세브란스 1960년도 졸업 앨범 / 동은

37. 세탁실 / 세브란스 1960년도 졸업 앨범 / 동은

57 각종 행사

1. 서재필 박사 방문(1947) / - / 동은

2. 개정 농촌위생소 개소식(1947) / - / 동은

3. 김충식 / 의학백년기념화보 제1집. 연세대학교 의과대학, 1985 / 동은

4. 이인선 문하생 음악회 팜프렛(1946) / - / 동은

5. 김명선 학장 취임(1952) / - / 동은

6. 아이비 교수 방문(1956) / - / 동은

7. 졸업 10주년 기념 사은회(1950) / - / 동은(최영보 기증)

9. 복구된 본관 / - / 동은

10. 복구된 간호원 기숙사 / - / 동은

11. 신축 학생회관 / 의학백년 / 동은

12. 임시 복구된 세브란스의 전경 / - / 동은

62 전시연합대학과 구호병원

1. 전시 의학교육 상황보고서(1952) / 세브란스의과대학 / 동은

2. 졸업생 명부(1951) / 세브란스의과대학 / 동은

3. 퇴원증명서(1951) / 세브란스의과대학 부속원주구호병원 / 동은

4. 거제구호병원의 직원 일동(1951) / - / 동은

5. 거제구호병원 전경 / - / 동은

6. 병원의 현판 / - / 동은

7. 거제구호병원의 자료들 / - / 동은

8. 직인 / 세브란스의대 부속거제도구호병원- / 동은

9. 수술도구 / - / 동은

63 디비 에비슨의 장례식과 오알 에비슨의 서거

1. 디비 에비슨의 장례식 / - / 동은

2. 학교 문으로 들어오는 유해 / - / 동은

3. 교내를 순회하는 유해 / - / 동은

4. 양화진 외국인 묘지의 묘소 / - / 동은

5. 부고 / 세인트 피터스버그 타임즈 1956년 8월 29일 / 동은

6. 에비슨 추모 기사 / 연희춘추 1956년 10월 15일 / 동은

7. 건국공로훈장증(1952) / 대한민국 / 동은

8. 세인트 피터스버그의 집 / - / 동은

9. 에비슨 부부의 묘지 / - / 동은

64 세브란스의 인물들

1. 윤치왕 명의의 수료증서(1954) / 육군군의학교 / 동은

2. 윤치왕 / - / 동은(윤도선 기증)

3. 국립의료원 설립위원회(1953년 10월) / 최재유 보건사회부 장관 / 동은

4. 흥남철수 작전 / Korean War Special, The MacArthur Memorial Foundation, Norfolk, 1997(Reprinted) / 동은(현봉학 기증)

5. 한국의 쉰들러 현봉학 / Korean War Special, The MacArthur Memorial Foundation, Norfolk, 1997(Reprinted) /
   동은(현봉학 기증)

6. 원용덕 헌병사령관 명의의 자기 / - / 동은

화보집과 관련된 한국 의학사 연표

1629		중국에서 활동하던 독일인 예수교 선교사 샬폰벨(Schall von Bell, J. A., 湯若望, 1591-1666)이 주제군징을 저술함
1800		정약용(丁若鏞, 1762-1836)이 종두심법요지를 저술함
1851		중국에서 활동하던 홉슨(Hobson, B., 合信, 1816-73)이 전체신론을 저술함
1866		최한기(崔漢綺, 1803-79)가 신기천험을 저술함
1876	2. 27	국교확대(國交擴大)
1882	11.	김옥균(金玉均, 1851-94)이 치도약론을 저술함
1883	7. 26	민영익(閔泳翊, 1860-1914)이 보빙사로 인천을 떠나 미국을 방문함
1884	9. 20	최초의 의료선교사인 알렌(Allen, H. N., 安連, 1858-1932)이 9월 20일 제물포에 도착함(9월 22일 서울 도착)
	12. 4	우정국 축하연에서 일어난 갑신정변의 와중에 자상을 입은 민영익을 알렌이 치료함

1885	1. 10	주한 미국공사가 변리공사 겸 총영사로 격하되자 푸트(Foote, L. H., 福德, 1826- 1913)가 사임하고 후임으로 폴크(Foulk, G. C., 福久)가 부임함
	1. 27	폴크의 서신과 알렌의 병원설립안이 민영익을 통해 외아문 독판 앞으로 보내짐
	4. 3	외아문에서 광혜원 개원 알리는 방을 사문과 종각에 게시함
		카이로세(海瀨敏行)가 작성한 12조의 병원규칙을 외아문에서 알렌에게 통보함
	4월초	팔도사도삼항구일기에 공립의원규칙이 실림
	4. 9	알렌이 광혜원에서 환자 치료를 시작함
	4. 10	광혜원(廣惠院)이 공식적으로 개원함
	4. 26	광혜원이 제중원(濟衆院)으로 개칭됨
	6. 21	헤론(Heron, J. W., 惠論, 1856-1890)이 도착함
	6.	알렌과 헤론의 지시에 따라 약을 준비할 수 있는 잘 훈련된 조선인 의료 조수가 활동 중에 있었음
	8. 9	제중원의 개원 공식 축하연이 제중원의 외과 병동에서 열림
	9. 18	총세무사의 외국인 직원에게 알렌이 발급한 진단서가 남아 있으며, 현재 한국에 있는 가장 오래된 서양의학 진단서임
	10. 11	알렌의 집에서 개신교의 첫 성찬 의식을 거행함
	12. 1	알렌이 미국 공사 폴크에게 의학당 설립에 대한 구체적인 안을 제시함
	12월말	고종이 의학교육에 필요한 의료 기구의 구입 경비를 하사함
1886	3. 29	한국 최초의 서양의학 교육기관인 제중원의학교(濟衆院醫學校)가 개교함

	4. 10	알렌과 헤론이 제중원 일차년도 보고서를 발행함
	6. 14	제중원 주사 김의환(金宜煥)을 2기 학도에 서임함
		알렌과 헤론에게 정3품에 해당하는 통정대부를 제수함
	6. 15	제중원의학교 학도 이의식(李宜植)을 제중원 주사로 승차(陞差)함
		미 북감리회가 서울에 시병원(施病院)을 개원함
	7. 4	미국 북장로회의 여의사 엘러즈(Ellers, A. J., 房巨夫人, 1860-1938)가 파송되어 제중원에 부녀과가 신설되고 민비의 시의가 됨
	7. 11	노춘경(盧春京)이 헤론의 집에서 한국 내 최초의 개신교 세례를 받음
1887	초	제중원이 구리개로 이전함
	9	미국으로 떠난 알렌에 이어 헤론이 제중원의 책임자로 임명됨
1888	3. 27	여의사 호튼(Horton, L. S., 1851-1921)이 내한함
1889	6.	알렌이 주미 한국공사관의 참찬관을 사임하고, 9월 부산에 도착함
1890	7. 9	알렌이 주한 미국공사관의 참찬관으로 임명되면서 선교사를 완전 사임함
	7. 26	헤론이 이질로 사망하여 29일 양화진 묘지에 묻힘
	9. 30.	하디(Hardie, R. A., 河裡泳, 1865-1949)가 내한하여 10월부터 1891년 4월까지 제중원에서 진료함
	11. 12.	알렌이 미국 영사관의 부총영사로 임명됨
1891	4. 3	빈튼(Vinton, C. C., 賓頓, 1856-1936)이 제중원의 책임을 맡음
1893	3.	서재필(徐載弼, 1863-1951)이 미국 콜롬비아의과대학을 졸업함
	7. 16	에비슨(Avison, O. R., 魚丕信, 1860-1956)이 부산에 도착함
	10.	에비슨이 알렌으로부터 어의(御醫)를 인계받음
	11. 1	에비슨이 제중원의 책임을 맡음
1894	5. 10	실(Sill, J. M. B., 施逸) 공사가 조선정부의 외아문 독판서리 김학진에게 제중원 책임자 에비슨이 사직한다는 공문을 보냄
	6. 23	청일전쟁(淸日戰爭)이 시작됨
	8. 18	군국기무처는 각부 아문의 소속 각사를 개록하면서 제중원을 내무아문 소속으로 배속시킴
	8. 31	외아문 독판 김윤식이 에비슨의 조건을 받아들인다는 공문을 미국 공사 실에게 보내 에비슨이 제중원에 남아 계속 근무해줄 것을 요청함
	9. 7	에비슨이 전권 운영에 대한 요구안을 제출함
	9. 26	조선정부가 에비슨의 요구안을 수락함으로서 제중원이 미국 북장로회 선교부로 이관됨
1895	4. 6	미국 북장로회에서 여의사 화이팅(Whiting, G., 吳婦人, 1869-1952)과 간호사 제이콥슨(Jacobson, A. P., 雅各善; 1868-1897)을 제중원에 파견함

	7. 27	콜레라 유행하자 조선정부는 에비슨을 방역국장으로 임명함
	9.	1896년부터 양력(陽曆)을 사용하기로 확정함
	10.	제중원에서 일하는 젊은이들에게 의학교육을 실시하고, 남자학교에서 조수로 선발된 몇 명이 의사가 될 것을 목표로 에비슨과 빈튼의 교육을 받음
	10. 8	을미사변(乙未事變)이 일어나 민비가 시해됨
	11. 28	춘생문(春生門) 사건이 일어남
	12. 30	단발령(斷髮令)이 내려짐
1896	2. 11	아관파천(俄館播遷)
1897	1. 20	제이콥슨 간호사가 사망함
	7. 27	알렌이 주한 미국공사 겸 총영사로 임명됨
	10. 12	고종이 황제 즉위식을 거행하고 국호를 대한제국(大韓帝國)으로 바꿈
	10. 14	여의사 휠드(Field, E., 弼, 1868-1932)와 간호사 쉴즈(Shields, E. L., 1868-1941)가 내한하여 제중원에서 근무를 시작함
	12. 4	여의사 휘시(Fish, M. A., 1870-1912)가 내한하여 제중원에서 근무를 시작함
1898		박일근이 한국 최초로 개인 의원을 개원함
1899	3.	에비슨에 의해 그레이 해부학 책의 1차 번역이 완료되었으나 안식년 기간 동안 이를 맡고 있던 조수가 죽는 바람에 원고가 없어짐
	3. 24	학부 소속의 의학교 관제가 반포됨(9월 4일 개학)
	3. 29	에비슨이 건강 문제로 병가를 얻어 귀국하였고, 휠드가 제중원의 책임을 맡음
	4. 24	내부 소속의 내부병원 관제가 반포됨(6월 1일 개원)
	10. 1	미 북장로회가 대구에 제중원을 설립함(대구동산병원)
	11.	9월 29일 내한한 서록스(Sharrocks, A. M., 謝樂秀, ?-1919)가 제중원에 합류함
1900	5월초	에비슨이 뉴욕에서 열린 만국선교대회에 참석하여 강연하였고 미국 오하이오주 클리블랜드의 부호 세브란스(Severance, L. H., 1838-1913)로부터 병원 건립 기금으로 1만 달러를 기부 받음
	6. 30	병원관제 개정 및 개부표에 의해 내부병원이 광제원으로 개칭됨
	10. 2	에비슨이 안식년을 마치고 돌아옴
	말	김필순(金弼淳, 1878-1919)이 에비슨의 번역 조수로 채용되어 그레이 해부학 책을 다시 번역하고 영어도 가르치면서 의학 공부를 함
1901	6.	서상륜(徐相崙, 1848-1926)이 병원 전도사로 고용됨
	6.	캐나다의 건축가 고든(Gordon, H. B., 1855-1951)이 내한함
	9.	서효권이 합류하여 제중원의학교의 학생이 6명으로 됨(전병세 5학년, 서효권 4학년, 박서양 2학년, 김정원 2학년, 홍인후 1학년, 홍덕수 1학년)

1902		병리통론이 의학교에서 출판됨
		미 남장로회가 전주 화산동에 병원을 설립함(전주예수병원)
	6월초	에비슨이 남대문 밖 복숭아골에 병원 대지를 구입함
	8. 8	병원 건축을 위한 기초 작업을 시작함
	11. 27	새로 짓는 제중원(세브란스씨 기념병원)의 정초식이 열림
1903	12.	한국 최초의 간호부 양성기관인 보구녀관 간호부양성소가 개교함(에드먼즈)
1904	2. 8	노일전쟁(露日戰爭)이 시작됨
	7월말	고든이 세브란스병원의 건축을 마치고 고향 토론토로 돌아감
	9.	김필순이 그레이 해부학의 2차 번역을 완료함
	9. 13	허스트(Hirst, J. W., 許濟, 1864-1952)가 세브란스의 후원으로 내한하여 제중원 근무를 시작함
	9. 23	한국 최초의 현대식 병원인 세브란스병원의 봉헌식이 열림
	11. 16	세브란스병원이 개원함
1905		제중원에서 약물학 교과서가 출판됨
	3. 29	알렌이 미국 공사에서 해임 당함(6월 5일 조선을 떠남)
	4. 10	제중원 반환에 관한 약정서가 체결되고 조선정부가 대금을 지불함
	10. 18	을사늑약(乙巳勒約)
1906		제중원에서 해부학 권1, 해부학 권2, 해부학 권3, 신편 화학교과서. 무기질, 신편 생리교과서. 전, 진단학 1 등의 교과서가 출판됨
	5. 31	조선정부가 세브란스병원으로 이름이 바뀐 제중원의 환자 치료 공로를 치하하기 위해 찬성금 3천원을 지급함
	9. 1	세브란스병원 간호부양성소가 설립됨(쉴즈)
	12.	평양에 동인의원(同仁醫院)이 설립됨
1907		제중원에서 진단학 2, 피부병 진단치료법 단, 병리통권, 서약단방 등의 교과서가 출판됨
		전도를 위한 의학 소책자로서 위생이 출판됨
	1.	세브란스병원 간호부양성소가 두 명의 학생으로 교육을 시작함
	2. 10	대구에 동인의원이 설립됨
	3. 15	통감부에 의해 의학교, 광제원 및 적십자병원이 통폐합되어 대한의원(大韓醫院)이 설립됨
	9. 1	구리개 제중원이 있던 장소에서 경성박람회가 개최됨
1908		제중원에서 무씨 산과학 교과서가 출판됨
	6. 3	제중원의학교에서 김필순, 김희영, 박서양, 신창희, 주현칙, 홍석후, 홍종은 등 7명이 제1회로 졸업함
	6. 4	한국 최초의 의술개업인허장 1-7번이 부여됨(한국 의사면허의 효시)
	6. 12	세브란스병원 간호부양성소에서 5명이 첫 가관식을 가짐
	6	세브란스동창회가 창립됨
	8. 26	사립학교령(私立學校令)이 반포됨

1909		제중원에서 해부학 권1, 신편 화학교과서. 유기질 등의 재판이 출판됨
	7.	제중원의학교를 세브란스병원의학교로 학부에 등록함
1910	6. 10	세브란스병원 간호부양성소에서 첫 졸업생인 김배세를 배출함
	8. 29	경술국치(庚戌國恥)
		대한의원이 중앙의원(中央醫院)으로 개칭됨
	9. 30	중앙의원이 조선총독부의원(朝鮮總督府醫院)으로 개칭됨
	10.	세브란스병원 출판부에서 외과 총론 교과서가 출판됨
1911	6. 2	세브란스병원의학교에서 제2회 졸업생이 배출됨
	8. 23	조선교육령(朝鮮敎育令)이 공포됨
	10.	사립학교규칙(私立學校規則)이 공포됨
		미 북장로회의 밀즈(Mills, R. G.)가 세브란스병원의학교의 병리학 교수로 임명됨
1912	1.	세브란스병원의학교가 일시적으로 폐쇄됨(9월 말까지)
	5. 12	미 남장로회가 군산에서 활동하던 오긍선(吳兢善, 1879-1963)을 세브란스에 파견함
	8.	미 북장로회가 외과전문의 러들로(Ludlow, A. I., 羅道魯, 1875 · 1961)를 교수로 임명하여 파견함
	10. 1	새로 지은 교사에서 세브란스병원의학교가 다시 문을 엶
1913	4.	호주 장로회가 진주에 배돈병원을 설립함
	4. 2	세브란스병원의학교에서 제3회 졸업생이 배출됨
	6. 13	세브란스병원의학교가 신축 교사의 봉헌식을 가짐
		세브란스병원의학교를 세브란스연합의학교로 개칭함
	11. 15	조선총독부령 제100호로 의사규칙(醫師規則)이 반포됨
1914		호주 장로회의 맥라렌(McLaren, C. I., 馬最秀, 1882-1957)이 세브란스연합의학교의 신경학 교수로 부임함
	4.	세브란스연합의학교에서 한국 최초의 인턴제도가 시작됨
	11. 4	세브란스연합의학교의 연구부가 설립됨
1915	3.	사립학교규칙이 개정됨
	3.	전문학교규칙(專門學校規則)이 공포됨
	8. 30	미 북장로회가 쉐플리(Scheifley, W. J., 1892-1958)를 파견하여 세브란스연합의학교에 치과학교실을 설치함
1916	4.	미 남장로회가 다니엘(Daniel, T. H., 端義烈)을 내과 교수로 파견함
	4. 1	조선총독부의원 부속의학강습소가 폐지되고 경성의학전문학교(京城醫學專門學校)가 설립됨
	4. 25	재단법인 세브란스연합의학전문학교의 제1회 이사회가 개최됨(이사장 에비슨, 부이사장 반버스커크)
	11.	캐나다 장로회가 스코필드(Schofield, F. W., 1889-1970)를 교수로 파견함

1917	5. 14	세브란스연합의학전문학교 재단법인의 설립을 인가받고 학교의 명칭을 세브란스연합의학전문학교(世富蘭偲聯合醫學專門學校)로 개칭함과 동시에 간호부양성소는 세브란스연합의학전문학교 부속간호부양성소(世富蘭偲聯合醫學專門學校 看護婦養成所)로 개칭함
		교복과 교모를 제정함
1919	3. 1	세브란스연합의학전문학교 학생 등이 독립만세 운동에 적극 참여함(이갑성, 이용설, 김문진 등)
1920	3.	내과 교수 스타이스(Stites, F. M.)에 의해 결핵병사가 건립됨
1921	10. 12.	세브란스연합의학전문학교 3학년생들의 주동으로 설비 부족, 강사 보강 등을 이유로 한 동맹 휴학이 일어남
1922	4. 1	조선교육령에 의한 전문학교 인가를 신청하여 같은 날 인가를 받았으며, 학교의 명칭을 세브란스의학전문학교(世富蘭偲醫學專門學校)로 개칭함
	5. 15	개교기념일로 정함
1923	2. 24.	총독부에 의해 세브란스의학전문학교가 지정됨
	12	세브란스의용품상회가 설립됨
	12. 17.	경성부민 사립피병원 설립 기성회가 현금 12,000원을 세브란스병원에 기탁함
1924		교우회(校友會)가 창립되고 교우회보가 창간됨
	9. 2	간호부양성소가 총독부에 의해 지정받고 세브란스의학전문학교 부속병원 산파간호부양성소(世富蘭偲醫學專門學校 附屬病院 産婆看護婦養成所)로 개칭함
1925	1.	김창세(金昌世)가 한국인 최초의 보건학 박사를 취득함
	10. 15	서울역이 새로 준공됨
1926	5. 1	경성제국대학 의학부(京城帝國大學 醫學部)가 수업을 개시함
	6. 10.	6. 10만세 운동
	12.	산파간호부양성소의 학생들이 동맹휴학을 함
1928	봄	제1회 분극의 밤이 열림
	3. 20	신병실이 준공되어 세브란스-프렌티스동(Severance-Prentiss Wing)이라 명명됨
		에비슨 동상이 건립됨
	9. 4	경성여자의학강습소(京城女子醫學講習所)가 설립됨
	10. 26	세브란스 항결핵회가 창립됨
	10. 27	홀(Hall, S., 1893-1991)에 의해 해주 구세요양원이 설립됨
1929	4. 1	경성부민기념 전염병실을 최종 준공하고, 엘리자베스 캠벨 피터스 기념관이라 명명함
	6. 28	교가를 제정함(이인선 작사, 구노 작곡)

1930	2. 21	조선의사협회(朝鮮醫師協會)가 창립되고, 본부가 세브란스의학전문학교에 설치됨
		제1회 러들로 컵을 시상함(1930년 졸업생 이준철)
	11. 2	세브란스의학전문학교의 학생기독청년회가 주최한 제1회 통속의학강연회가 열림

1931	9. 18	만주사변(滿洲事變)이 일어남
	10.	세브란스병원의 치과진료소가 준공됨
	12. 28	세브란스 축구부가 전일본고전(全日本高專) 축구대회에서 우승함

1932	4. 8	최명학(崔明鶴, 1898-1961)의 박사 논문이 통과됨
	9.	러들로 육교(Ludlow Bridge)가 준공됨
	9. 13	산파간호부양성소의 학생들이 동맹 휴학을 함
	12. 11.	알렌이 미국 오하이오주 톨레도에서 향년 74세로 타계함

1933	3. 8	평양의학전문학교(平壤醫學專門學校)와 대구의학전문학교(大邱醫學專門學校)가 개교함
	8. 31	세브란스의학전문학교 기요가 창간됨
	9. 1	대수술실의 공사가 완료되어 9월 3일에 봉헌식을 거행함

1934	4. 7.	허스트의 흉판을 헌정함
	4. 10	세브란스의학전문학교가 일본 문부성의 지정을 받음
	4. 17.	오긍선이 제2대 교장에 취임함

1935		세브란스의학전문학교가 정신병원과 결핵요양원의 건립을 위해 연희전문학교 옆에 약 20,000평의 대지를 구입함
	3. 13	기초의학교사의 봉헌식을 거행함
	4.	이영춘(李永春, 1903-1980)의 박사 논문이 통과됨
	12. 2.	에비슨이 귀국함

1936	2. 3	세브란스의학전문학교에서 동창회 제1회 의학강습회가 개최됨
	5.	이영준 사건이 시작됨
		1936년 8월 9일 열린 베를린올림픽 마라톤에서 우승한 손기정이 세브란스를 방문하여 신체검사를 받음

| 1937 | 7. | 중일전쟁(中日戰爭)이 일어남 |

1938	3. 6	외과 교수 러들로가 귀국함
	5. 1	경성여자의학전문학교(京城女子醫學專門學校)가 개교함
	12.	쉴즈가 은퇴함

| 1939 | 4. 11 | 세브란스의 교칙이 변경되어 외국인 남자학생도 입학이 허가됨 |

10.	군사교련이 시작됨
1940	일제가 창씨개명을 강요함
8.	세브란스의학전문학교에서 만주 무의촌에 진료반을 파견함
1941	조병학이 세브란스에 거액을 기부함
	이영준이 제3대 교장에 취임함
12. 8	태평양전쟁(太平洋戰爭)이 시작됨
1942 1. 31	일제에 의해 강제로 학교 이름이 아사히의학전문학교(旭醫學專門學校)로 개명됨
1943	차형은 동창이 30만평의 토지를 기부함
8. 20	아사히의학전문학교연맹회보(旭醫學專門學校聯盟會報)가 창간됨
1944 3. 31	광주의학전문학교(光州醫學專門學校)와 함흥의학전문학교(咸興醫學專門學校)의 설립이 인가됨
1945 8. 15	해방과 동시에 세브란스의학전문학교라는 교명을 다시 찾음
9.	고병간이 대구의학전문학교장으로 취임함
10.	대구의학전문학교가 대구의과대학(大邱醫科大學)으로 승격됨
10.	이화여자대학교에 행림원(杏林苑)이 설치됨
10. 17	경성제국대학을 경성대학(京城大學)으로 개칭함
1946	세브란스의학전문학교에 예과가 설치됨
	세브란스의학전문학교 부속간호부양성소가 세브란스고등간호학교(世富蘭偲高等看護學校)로 개칭됨
8. 22	국립서울대학교설치령에 따라 경성대학의학부와 경성의학전문학교가 국립 서울대학교 의과대학(서울大學校 醫科大學)으로 통폐합됨(10월 15일 개교)
9. 1	광주의학전문학교가 광주의과대학(光州醫科大學)으로 승격됨
9. 1	김일성종합대학(金日成綜合大學)이 개교하였고, 의학부(醫學部)가 설치됨
	함흥의과대학(咸興醫科大學)이 설립됨(학장 최명학)
1947	세브란스의학전문학교가 세브란스의과대학으로 승격됨
10. 23	서재필 박사가 세브란스의과대학을 방문함
1948 5. 22	경성여자의학전문학교가 서울여자의과대학(서울女子醫科大學)으로 승격 인가됨
8. 15	대한민국 정부가 수립됨
9. 1	김일성대학교 의학부가 평양의학대학(平壤醫學大學)으로 독립함
	청진의과대학(淸津醫科大學)이 개교함
1950 6. 25	한국전쟁(韓國戰爭)이 일어남

	12.	홍남철수작전(興南撤收作戰)
1951	1. 25	세브란스의과대학이 전시교육령에 따라 전시연합대학(戰時聯合大學)에 편입됨
	3.	이화여자대학교 행림원이 의약대학(醫藥大學)으로 개편됨
1952	2. 5	최재유가 보건사회부 장관에 취임함
	3. 1	이승만 대통령이 에비슨(Avison, O. R.)에게 건국공로훈장을 수여함
	4. 1	광주의과대학이 국립 전남대학교 의과대학(全南大學校 醫科大學)으로 개편됨
	5.	대구의과대학이 국립 경북대학교 의과대학(慶北大學校 醫科大學)으로 개편됨
	8. 4	디비 에비슨이 별세함(1953. 8. 4. 양화진 묘지에 안장함)
1953	3. 24	원용덕이 초대 헌병사령관에 취임함
	5.	세브란스고등간호학교가 세브란스간호학교(世富蘭偲看護學校)로 개칭됨
	11. 13	닉슨 미국 부통령 부인이 세브란스병원을 방문함
1954	4. 13	이화여자대학교 의약대학이 의과대학 및 약학대학으로 분리됨
	4.	성신대학(聖神大學)에 의학부(醫學部) 설치가 인가됨
1955	1. 5	연희대학교와 세브란스의과대학이 연세대학교(延世大學校)로 합동함
	4.	부산대학교 의과대학(釜山大學校 醫科大學)이 개교함
1956	8. 28	에비슨(Avison, O. R.)이 별세함
1958	11. 28	국립 중앙의료원이 개원함
1985	4. 10	연세대학교 개교 100주년 기념행사를 거행함
1987	4. 10	연세대학교 구내에 재동 광혜원 건물을 복원하고 영빈관을 알렌관으로 명명함
		알렌의 흉상이 건립됨
1996	.	서울역 앞 세브란스빌딩 로비에 '옛 세브란스' 관을 개관하고, 세브란스 복원 모형을 제작 설치함
1998	4. 10	광혜원 개원 114주년 기념식에서 제중원의학교 학생들에게 연세대학교 의과대학 명예졸업장을 수여하고 명예
		동창으로 추대함
2001	5.	연세사료관에 재동 제중원의 복원 모형을 제작 설치함
	7.	몽골 울란바토르에 이태준 기념공원이 개원함
2006	8. 15	몽골 울란바토르의 이태준 기념공원 내에 이태준 기념관이 개관함

찾아보기

편집 후기

 이 화보집은 연세대학교가 창립 120주년을 맞는 2005년 5월 세브란스 새병원의 개원 기념식에 맞추어 발간하기로 되어 있었습니다. 그런데 해방 이전 시기는 120년사가 있어 큰 문제가 없었지만, 연세 합동 이후 부분에서 오히려 자료 취합과 선별에 많은 애로가 있었습니다. 이에 세브란스의과대학과 연희대학교의 합동 이전까지만 수록하여 발간하게 되었습니다. 화보집의 후속편은 연세의료원 120년사의 후편 작업과 병행하여 발간할 예정입니다.

 이 화보집에서는 광혜원·제중원에 뿌리를 둔 세브란스가 한국의료계를 핵심적으로 이끌어 왔던 역사의 증거와 순간들을 담아내고자 하였습니다. 자료 수집 과정은 대단히 힘든 여정이었습니다만, 다행히 여러 분들의 도움으로 무사히 마칠 수 있었으며, 상세한 내역은 화보집 뒷부분의 '자료 소장처와 제공처'에 밝혀 놓았습니다. 편찬위원장으로서 큰 감사를 드립니다.

연세의료원 120년 기념 화보집 편찬위원회 위원장

박형우

연세의료원 120년 기념 화보집 편찬위원회

위 원 장 : 박형우
위   원 : 김동구, 노재훈, 박두혁, 박준형, 박효진, 여인석(간사), 이원상, 인요한
자문위원 : 소진탁, 유승흠, 이유복